CHARLES MAURRAS

POÈMES, PORTRAITS, JUGEMENTS ET OPINIONS

PARIS

NOUVELLE LIBRAIRIE NATIONALE

3, PLACE DU PANTHÉON, 3

CHARLES MAURRAS

1910

CHARLES MAURRAS

POÈMES
PORTRAITS, JUGEMENTS ET OPINIONS

*Avec un portrait
et
deux fac-simile d'écriture et d'epreuve*

SOCIÉTÉ
DE LA REVUE « LE FEU »
13, RUE ROUX-ALPHÉRAN
AIX-EN-PROVENCE

NOUVELLE
LIBRAIRIE NATIONALE
3, PLACE DU PANTHÉON
PARIS

MCMXIX

AVERTISSEMENT DES ÉDITEURS

La plupart des morceaux qui composent ce recueil ont été publiés par la revue *Le Feu*, organe du régionalisme méditerranéen, dans son numéro du 1er mai 1918, spécialement consacré à Charles Maurras. On y trouvera cependant plusieurs articles entièrement inédits : ceux de Louis Bertrand, Léon Daudet, Louis Dimier, Fernand Gauzy, Daniel Halévy, Lucien Moreau, la comtesse de Noailles, Pampille, Adolphe Retté.

INTRODUCTION

Ce n'est pas un sentiment politique qui a présidé à l'élaboration de cet hommage. Devant Maurras l'esprit s'élargit, le cœur se gonfle ; un homme apparaît, tellement noble dans ses actes, tellement fervent dans sa pensée qu'il impose à toutes les attentions son pathétique visage de sagesse et de concorde.

Dans une époque où les partis se sont écroulés sous l'obligation d'une discipline nationale, l'état individuel des êtres est ce qui nous passionne le plus. Le sacrifice et la conscience sont nos points de repère. A travers le tumulte des opinions, l'exemple nous soumet. Charles Maurras est paré d'un ensemble exceptionnel de qualités qui ont imposé le respect dans les horizons de France et développé l'amour d'unité dans les espaces latins. Il peut répondre nettement à la question de conscience que

*Vigny souhaitait qu'un homme public se posât :
« Mon intention est-elle pure, sans égoïsme,
sans peur, dévouée à l'humanité et au pays ?
Suis-je en état de grâce devant ma nation ? »*

*Quand je parcours l'étang de Berre au bord
duquel Maurras est né et que je respire l'atmosphère de travail acharné dans laquelle il
vit, je sens toute la part de son désintéressement, toute la volupté physique et intellectuelle qu'il a entendu soumettre pour devenir
un grand citoyen.*

*Il a porté dans sa vie de combat la limpidité
grave des paysages de sa jeunesse. Il est une
île de foi et d'honnêteté sur laquelle se brisent
toutes les vagues de la jalousie et de l'ambition.*

*Je ne crois pas qu'un républicain, depuis
1914, ait plus loyalement soutenu le régime
dont il est l'adversaire. Ce monarchiste nous
a aidés à connaître nos chefs démocratiques. Il
dépasse le parlementarisme qui nous a ruinés
dans son manque de choix, mais il sait distinguer un Albert Thomas et s'allier à lui car le
socialisme de ce dernier comporte un principe
syndical profitable à l'organisation future de
la France.*

Le seul point de vue provençal aurait pu

nous suggérer l'idée de ce témoignage d'amitié ou d'admiration. Mais, en pouvant présenter à la fois un homme sous son aspect de fidélité à la cause mistralienne et sous son aspect de noble écrivain et de pur patriote, nous ne pouvons qu'obéir à l'acte de discipline régionale qui nous commande d'honorer tous ceux qui — hors des partis et jusque dans les partis — tressent avec leur gloire, leur dévouement et leur cœur la belle couronne méditerranéenne.

EMILE SICARD.

POÈMES

A CHARLES MAURRAS

Au bord des eaux de lumière fleuries,
    Sur l'antique chemin où le vieillard des mers,
Entre les oliviers de la vierge aux yeux pers,
Vit dans leur manteau bleu passer les trois Maries,
Tu naquis. Ton enfance heureuse a respiré
L'air latin qui nourrit la limpide pensée
Et favorise au jour sa marche cadencée.

Le long du rivage sacré
Parmi les fleurs de sel qui s'ouvrent dans les sables,
    Tu méditais d'ingénieuses fables,
Charles Maurras ; les dieux indigètes, les dieux
Exilés et le Dieu qu'apporta Madeleine
T'aimaient : ils t'ont donné le roseau de Silène
Et l'orgue tant sacré des pins mélodieux,
Pour soutenir ta voix qui dit la beauté sainte,
L'Harmonie, et le chœur des Lois traçant l'enceinte
Des cités, et l'Amour et sa divine sœur,
La Mort qui l'égale en douceur.

Anatole France.

LA FRANCE CONTINUE...

CALME tu brilles, fier Visage,
  Sur tes chantiers, dans nos esprits,
Et ta grâce est notre courage,
Ta force est notre espoir, Paris !

A l'heure où l'ombre déchirée
Par les feux de son désespoir
Croit traîner la terre effondrée
Aux abîmes du dernier soir,

Notre âme s'arc-boute invincible
De voir qu'intacte au fond des nuits,
Inaccessible, immarcessible,
O Cité, tu t'épanouis,

Et qu'en vain vomi de sa vase
Le monstre impur au mufle épais
N'a pu de ton front dans l'extase
Troubler le rêve ni la paix.

Ton brasier, Magicienne,
N'est pas éteint, ta cuve bout !
Tes doigts touchent, Musicienne,
La grande lyre encor debout !

La horde vile exténuée
Râle d'impuissance à nos pieds ;
Toi, dans l'azur et la nuée,
Cheveux au vent, sur tes trépieds,

Tu jures que la race humaine
N'a pas dans la fange avorté,
Tu prédis à l'aube prochaine
Les blés d'un immortel été !

Ville d'aube toujours vermeille,
Source des nombres et des vers,
Entre les merveilles merveille,
O fruit doré de l'univers,

O fille de Rome et d'Athènes,
Qui captes au même bassin
Toutes les vivantes fontaines
Et les épures dans ton sein,

Qu'importe au torrent de la gloire
Que nous roulions rompus, épars,
Des rudes mains de la Victoire,
Si c'est devant tes saints remparts !

Travaille, chante, ris et danse !
Compte que nous sommes vainqueurs
Tant que des canons la cadence
Battra ton rythme dans nos cœurs,

Tant que, lointaine et si voisine,
Ta voix nous parle dans l'écho,
Pure lumière de Racine,
Immenses éclairs de Hugo !

Les obus s'enlacent aux bombes,
Tout siffle en haut, tout tonne en bas,
Mais au loin, où sont les colombes,
Aux lieux qu'ils ne fouleront pas,

Où Descartes de la Méthode
Trace près d'Ingres le dessin,
Où de Ronsard s'élance l'ode -
Sous les ombrages de Poussin.

Où Diane, par Goujon couchée
Dans les lis des viviers royaux,
Rêve, envieuse, un peu penchée,
Aux molles rondes de Carpeaux;

Où du Louvre, par la croisée,
La bouche amère, Mirabeau
Regarde choir sur l'Elysée
Du soleil un dernier lambeau;

Où la Marseillaise de Rude,
Un siècle, pâle d'avenir,
Entendit, dans sa solitude,
Ceux de la Marne revenir;

Là sont toujours, d'âme et de pierre,
Toujours dressés sur l'horizon,
Et les flèches de la prière
Et les autels de la raison.

O beaux soirs crispés de rafale
L'enfer s'époumonne à huer :
Nous voyons l'heure triomphale
De la France continuer.

Paris accoudé sur sa rive
Guide l'élan universel :
Toute la terre est attentive
Aux seuls mots de la tour Eiffel ;

Notre-Dame, qu'un brouillard couvre,
Semble flotter hors du réel ;
Majestueux, carré, le Louvre
S'ajuste à l'infini du ciel ;

Le firmament assuré roule
Autour des temples de l'esprit ;
La Seine, pleine d'astres, coule ;
La nuit brille, Maurras écrit.

XAVIER DE MAGALLON.

A CHARLE MAURRAS

I

Ai fugi tis ort, o Granado,
E ta colo de l'Alhambra.
Ma tèsto n'es trop enchusclado,
Mi sèn n'en soun tant trevira!

La fam d'uno joio plus fino
E lou regrèt d'un sòu rouman
M'an buta vers la mar latino
Sus soun ribeirès catalan.

Aqui i'a ges de formo impuro;
I'ai retrouba l'ordre e la pas
Sout lis oulivié d'uno auturo,
E pènse à tu, Charle Maurras.

A CHARLES MAURRAS

I

J'ai fui tes jardins, ô Grenade, et ta colline de l'Alhambra : ma tête en est trop enivrée, mes sens en sont si troublés !

La faim d'une joie plus fine et le regret d'un sol roman m'ont poussé vers la mer latine sur son rivage catalan.

Là, il n'est point de forme impure ; j'y ai retrouvé l'ordre et la paix sous les oliviers d'un coteau. Et je pense à toi, Charles Maurras.

II

E pènse à nòsti mort. Li vese
Passa dins un camin d'Alis.
Me sonon? Em'èli me crese
Dins toun Camin de Paradis.

Oumbro clarinello e lòugiero
Que voste alen coucho li niéu,
Amouretti e Jùli Bouissiero,
Adounc vous remembras de iéu?

Mai es tu que bouscon pèr orto,
Maurras, tu que volon ausi.
Veici que picon à ta porto,
E ta maire ié vai durbi.

MARIUS ANDRÉ.

II

Et je pense à nos morts. Je les vois passer dans un chemin élyséen. M'appellent-ils ? Je crois être avec eux dans ton Chemin de Paradis.

Ombres claires et légères dont le souffle chasse les nuées, Amouretti et Jules Boissière, vous vous souvenez donc de moi ?

Mais c'est toi qu'ils cherchent par les champs, Maurras, toi qu'ils veulent entendre. Voici qu'ils frappent à ta porte, et ta mère va leur ouvrir.

M. A.

JUGEMENTS

LE PROVENÇAL

Du livre ouvert, sûre et lumineuse, jaillit la pensée de Maurras. Elle domine aussitôt et persuade. Elle commande, elle veut. Rien en elle, jamais, et si peu que ce soit, d'impur, de désordonné, de barbare, rien qui n'apparaisse d'abord réglé sur le plan d'un ordre éternel. Inflexible et divine, elle s'avance en écartant les obstacles, à travers les rudes chemins où sa certitude la conduit. Au fond de secrets retranchements, c'est notre raison qu'elle presse, qu'elle parvient, du premier coup, souvent, à frapper et à conquérir. Et lorsque nous lui résistons, lorsque nous refusons de nous plier à ses magnifiques exigences, au même instant qu'elle nous blesse, elle ne cesse, courroucée, de resplendir, d'imposer à tous les yeux sa particulière évidence.

Devant la pensée de Maurras, voilà l'essentiel de ce que chacun, au premier contact, peut éprouver. Nulle piété n'est, ici, indispensable. La sympathie même importe peu. Il suffit d'écouter et de regarder honnêtement.

Mais il faut plus pour dévoiler le cœur et les trésors secrets de la déesse; pour connaître de quel frisson a pu, tout d'abord, s'émouvoir cette chair incorruptible; quelles douces vagues l'ont portée, à quelles sources de lumière elle a, d'une sereine audace, enivré, en souriant, sa raison.

« Ma petite ville, dit *Anthinea*, est assise sur les confins de deux pays presque contraires, et cependant elle est l'ouvrage de l'un et de l'autre. Par Arles, par Marseille, elle tient à la plus ancienne histoire de l'Occident ; par la Basse Camargue, à des terres sans nom, à peine tirées de l'abîme. »

A vrai dire, une Grecque, Aristarchê, apportant aux colons de Phocée le culte d'Ephèse, a marqué là, jadis, son passage, et aussi cette Marthe, magicienne que, depuis Rome, Marius traîna à travers ses camps. Aristarchê, Marthe, irréductible et double courant qu'attentivement Maurras démêle. Compagne du laurier, de l'olivier, patronne des hauteurs salubres èt sèches, inspiratrice de l'ordre limité dans la perfection : l'Ephésienne; — et la Syrienne, souveraine des bas-lieux, versant au cœur de l'homme, parmi les prestiges et les fièvres, toute « l'âpre folie de l'Orient ».

« Les barbares errants, dit Maurras, écrivent leur nom sur les murs. Ils laissent leur nom propre en manière de monument. »

Aucune de ces terres n'a gardé le souvenir nominal de l'Ephésienne ; mais elles demeurèrent l'étang de Marthe, *Marthicum Stagnum :* Martigues.

Ne nous arrêtons pas outre mesure à l'opposition des « hauteurs » et de « l'étang ». Le travail du « Rhône divin » est le plus exaltant du monde et la leçon de la Camargue — destruction et reconstruction — est bien une leçon de vie et non un exemple de néant ; pas plus que celle du laurier, ne méconnaissons la sagesse du tamaris et sachons connaître sa gloire depuis qu'à son ombre un peu grêle, Mireille, en pleurant, s'est arrêtée.

Mais Maurras ne discerne et n'oppose, que parce qu'il fait ici, simplement, sa tâche d'investigateur. A l'élément civilisateur un autre élément désorganisateur et barbare est venu se juxtaposer. Comme chez un homme sain, mais menacé par une ascendance douteuse, Maurras, avec angoisse, interroge au fond de sa race les moindres fumées de son sang. « Ma santé vient d'Aristarchê, mais de Marthe ne peut-il nous venir les pires fièvres ? »

Peut-être, dans sa clairvoyance, Maurras, trop tendu, se trompe-t-il. Si nos éléments antérieurs — après quel désordre ignoré — ont pu se trouver civilisés par la Sagesse Athénienne, ce n'est cependant pas la fièvre d'Asie, si intermittente et lointaine, qui doit venir aujourd'hui tout annuler. Et ne se peut-il, au contraire, qu'atténuée, elle nous apporte un principe heureux d'inquiétude et de favorable excitation ? Ne s'intègre-t-elle pas désormais à notre âme la plus profonde et se tromperait-on en croyant la discerner, soumise, il est vrai, au fond de la pensée et de l'œuvre maurrasienne, — comme bridée, dominée, disciplinée, elle circule et chante à travers tout l'immense poème de Mistral ?

Car, Charles Maurras, tout d'abord, est Provençal. Il l'est et, fièrement, veut l'être. Provençal, sa qualité, il la revendique, la proclame, entend en faire son plus sûr honneur.

Assurément, le pays où il est né se trouve parmi les plus beaux de notre terre. Là, les eaux marines, le ciel, le sol rocailleux, nerveux et dur, ont collaboré aux traits d'un de ces visages où semble s'incarner quelque pensée de la Minerve athénienne.

Ce que d'abord virent resplendir les yeux entr'ouverts de Maurras, ce fut cette figure de clarté. Et sans efforts, à mesure qu'il grandissait, maternelle, elle lui dispensait ses leçons. A travers les matins et les soirs elle lui dévoilait « l'Étang, qui, de ses mille langues vertes, lèche amoureusement le sable des calanques et ronge les rochers où l'on pêche le rouget », elle lui montrait « les collines nues, qui se gonflent comme mamelles, et qu'embaume l'arome chaud des thyms, des fenouils, des romarins et des sarriettes », elle lui apprenait, devant ces lignes, gonflées d'une forte joie, mais que ne laisse pas, parfois, d'amollir une chaude mélancolie, elle lui apprenait d'abord, à rester fidèle au rythme de la race et des ancêtres, à ne pas délaisser la maison héréditaire, à méditer, apaisé, sur ses rivages, la pensée la plus profonde de ses morts. Elle lui commandait, elle lui ordonnait de rester là, de comprendre, de se soumettre, de parcourir, attentif, avec ferveur, les sentiers de gloire où ses pères avaient marché, sans vouloir, le cœur en révolte, bondir du premier coup hors de son ordre et de son propre horizon. A ce visage familier de la patrie, quels enseignements un Maurras ne doit-il pas! Je l'entends, cette voix persuasive, se mêler, ou mieux, s'incarner aux accents d'une voix plus humaine encore et plus filialement chérie, je l'entends enseigner l'enfant comme aujourd'hui elle ne cesse de réconforter le cœur de l'homme :

« Vois, disait-elle, la chapelle de la Bonne Mère, et les corbeilles ruisselantes de poissons et les monceaux de sel d'où monte une odeur de violette ; vois le coup d'aile des goëlands, et, hors de l'eau, le bondissement des mulets ; vois, la nuit, l'étang couvert de flambeaux, ou frémissant, laiteux, sous la lune ; écoute la voix du mistral, le conseil de nos sages, le chant des tambourins et des flûtes menant « nos joutes » colorées, où les beaux jeunes gens donnent et » reçoivent des coups de lance comme des héros » de *Toloza* ». Vois, écoute et ne nous abandonne pas. »

*
* *

Toutes ces « Beautés de Martigues », un moment vint, pourtant, où Maurras eût pu les abandonner.

Avec cette délicate répugnance qu'il éprouve toujours à parler de lui-même, mais pour écouter cette justice à laquelle il ne se dérobe pas, en rendant un jour hommage à l'un et sans doute au plus aimé de ses maîtres, il nous l'a, sans ambages, confessé :

« Notre génération donnait certainement le fruit parfait de tout ce que *devait* produire l'anarchie du xixe siècle... Un mot abrégera : il s'agissait pour nous de dire *non* à tout... A quatorze ans passés, je sais par le menu ce que j'aurais pu répondre à tout docteur *du Vrai, du Beau et du Bien* qui eût voulu me catéchiser. »

C'était l'heure, alors, où Maurras, quittant son Étang de Berre, entrait comme pensionnaire au collège d'Aix-en-Provence. Il payait naturellement sa rançon à la contagion d'un siècle anarchiste, et ce mal, il semble bien que les voix naturelles toutes seules, n'aient pas été assez puissantes pour l'exorciser. Les chefs-d'œuvre de la Beauté, y contribuèrent. Le Maître dont nous parlions tout à l'heure, Mgr Penon, évêque, aujourd'hui, de Moulins, se garda bien d'infliger au révolté une « théorie de l'ordre », mais préféra le mettre en présence de ce qui devait imposer silence à « la férocité et la malice de son barbare parti pris ».

Ce fut à ce collège d'Aix, alors dirigé par Mgr Guillibert, que Maurras rencontra et connut dans une période de quelques années, l'abbé Wetterlé et le P. André, Henri et André Brémond, Joachim Gasquet, Xavier de Magallon et ce Lionel des Rieux, mort à l'ennemi dans toute sa gloire de beau Provençal et de poète, auquel il devait consacrer une stèle si magnifique par le style et par l'amitié.

Un autre Provençal, né à Toulon, mais qui grandit à Cannes et fit toutes ses classes au Collège Stanislas, Frédéric Amouretti, exerça peu après sur Maurras l'influence la plus décisive. « Avec l'instinct profond de l'histoire, il avait au plus haut degré le sens des tendances de l'opinion, la vue nette des grandes lignes du cours des choses et, en plus, ce don rare *l'imagination de l'action.* » Ce fut de concert avec lui que Charles Maurras signa la fameuse Déclaration des Félibres Fédéralistes, lue en présence du Capoulié Félix Gras, le 22 février 1892, à Paris. Ce manifeste, où la question de la délivrance des provinces, se trouvait pour la première fois aussi nettement posée, causa, on se le rappelle, un parfait scandale en son temps. A l'émotion indignée qu'elle souleva parmi les trembleurs et les centralistes, Mistral répondit en adressant de Maillane aux auteurs du document son plus chaleureux témoignage, en adhérant de tout son cœur, de tout son génie à cette manifestation catégorique d'une Politique Provençale.

*
* *

Une Politique Provençale : défendons-nous autre chose? Cette fédération de braves gens autour des réalités de la patrie, le temps est proche sans doute où elle apparaîtra comme une île de salut, un des points les plus fermes où la race relevée se reconstruira.

D'un analogue mouvement, hardi, mais que les circonstances rendaient sommaire, le programme avait été, dès 1892, esquissé par Maurras et par ses amis. Lorsqu'un esprit si dominateur n'a pu se garder tout entier à notre Politique Provençale, reconnaissons bien jusqu'où sa logique implacable nous l'a emporté. Mais est-ce, comme le répètent certains de ses adversaires, un si grand dommage et un si grand mal? A voir le rôle de défenseur, la tâche magnifique et périlleuse qu'en pleine guerre il assume, on ne peut tout à fait s'en persuader.

Ce dont nous sommes sûrs, en tout cas, c'est qu'à travers des luttes où les plus ignobles souffles corrompent tout, il est resté pur de la moindre tache ; c'est que parmi le désordre et la fré-

nésie qui l'assaillent, il se garde juste et serein ;
c'est que sa pensée plus haute, plus brillante,
plus dure, à mesure qu'on redouble contre elle
et qu'elle porte ses coups, sa pensée née, nourrie de notre azur, aiguisée au sel vif de l'Étang
de Berre, devient plus lumineuse, plus lucide,
impose sa souveraineté et son ordre à ceux-là
même qui prétendent la condamner et la fuir.
Ce que nous honorons en Maurras, sans arrière-
pensée chez aucun des nôtres, c'est le Provençal.

Il ne faut rien savoir de l'évolution maurrasienne pour ignorer que la conclusion monarchique se présenta à lui comme la solution obli-
gatoire de notre problème provençal. Mais, à
nous qui faisons voisiner dans le service de
notre Cause de très convaincus monarchistes et
d'extrêmes républicains, le pouvoir central, quel
qu'il soit, n'apparaît, régulateur à vrai dire
indispensable, que comme un agent forcément
envahisseur, auquel, pour l'équilibre de la
nation tout entière et notre intérêt provençal,
nous devrons, sans répit, nous opposer. Républicains, nous croyons que la Monarchie, par
l'histoire et la logique, ne s'appelle pas fédération mais unitarisme rigoureux ; monarchistes,
nous pensons que la République a mis mons-

trueusement à profit la leçon centraliste de nos rois. Monarchistes, républicains, nous ne supposons pas que le Roi, la République, puissent nous garantir les libertés vraies que nous n'exigerions pas obstinément.

Mais, en ce moment, il n'importe. C'est de Charles Maurras qu'il s'agit ici : du Fédéraliste, de l'auteur d'*Anthinea*, du *Chemin de Paradis*, de l'*Étang de Berre* ; du fils de Martigues ensoleillée, du disciple fervent et irréductible de Mistral. « Quelques lieux que je courre, a-t-il dit de sa propre terre, c'est toujours à celui-là que je reviendrai ; c'est là que tout me ramènera. »

Que nous subissions, en effet, sur les hauteurs, l'ordre lumineux d'Aristarchê, ou que, sur les étangs en feu, nous nous laissions enivrer aux fièvres de Marthe, c'est à Mistral que, Provençaux, tout, pareillement, nous ramène ; c'est en Mistral, que nous nous savons aujourd'hui dignes de comprendre et de saluer un Maurras.

JOSEPH D'ARBAUD.

LE CHEF

Vous admirez Maurras. Que vous soyez homme de gauche, ou de droite, ou du centre, si vous n'êtes pas complètement aveuglé par l'esprit de parti, si vous jouissez de quelque liberté intellectuelle, vous reconnaissez que Maurras est au tout premier rang des Lettres françaises et vous devez admettre qu'il est au même rang dans l'ordre de la pensée philosophique et politique. Mais je vous demande de voir plus haut ou plus loin : Maurras est un chef; et je suis bien tenté d'écrire : un chef militaire. Ne croyez pas que je veuille établir une hiérarchie entre les grandes fonctions de l'esprit, mettre l'art d'écrire ou l'art de penser au-dessus ou au-dessous de l'art de gouverner ou de l'art de conduire la guerre. Je me borne à constater que lorsqu'un homme possède et met en exercice les plus hautes qualités de l'homme de lettres, du penseur, de l'homme d'État et du conducteur d'hommes, il est plus haut et plus grand que chacun de ceux qui sont premiers dans un de ces ordres de l'esprit. Il y a long-temps que la République des lettres et les es-prits libres de la République française ont reconnu la puissance magistrale de Maurras; l'hommage public offert ici à l'auteur de l'*Ave-nir de l'Intelligence* et de l'*Enquête sur la Mo-narchie*, voici dix ans qu'on le prononce secrè-tement dans tous les cercles où l'art et la pensée sont respectés. Un écrivain-soldat vous demande de rendre hommage en même temps à ces pro-fondes vertus dont Maurras prodigue les bien-faits et qui ne peuvent appartenir qu'à l'âme de la guerre.

Maurras est un chef. Tous ceux qui l'ont ap-proché savent qu'il possède au plus haut degré ces deux vertus propres au chef authentique : la volonté, la confiance et le don d'inspirer la confiance. Volonté et confiance que l'on ne se souvient pas avoir vu diminuer ou faiblir, mais que l'on se rappelle avoir vu s'exalter dans les temps de crise ou de grand péril. C'est dans ces instants qu'apparaît pleinement l'extraordi-naire force de Maurras. Il y a eu quelques heures, dans notre vie publique, où beaucoup d'apparences engageaient les Français au découragement, à l'abandon; alors Maurras grandit, ou plutôt il révèle sa force, il met en jeu toute sa puissance : spectacle admirable, d'une volonté décuplée et d'une intelligence sûre d'elle-même fournissant sur l'heure les décisions, les directions nécessaires; autour de lui, tout se ranime, une confiance invincible renaît, la crise est surmontée et l'on se demande où pouvaient être les difficultés. Chacun comprend à ce moment-là que le « cours des choses » est une illusion lorsque l'on agit sous la direction d'une énergie créatrice. C'est avec Maurras que l'on comprend la part énorme de la volonté humaine dans la génération des événements.

Maurras possède le don total du commandement. Ce n'est pas seulement ce don qui fait plier les volontés sous un ordre et les entraîne malgré ce mouvement secret de l'âme qui se rebelle toujours un peu au moment où le corps subit l'ordre d'une autre volonté. Le commandement de Maurras entraîne l'adhésion entière de l'âme; il persuade et conquiert. L'homme qui s'y conforme n'a pas le sentiment d'être contraint, ni de subir une volonté qui le dépasse; il se sent libre; il adhère; le mouvement où il est appelé est celui auquel le porte une décision de sa propre volonté. Il y a deux puissances de commandement : l'une qui courbe les volontés, l'autre qui les élève, les associe et les entraîne. C'est celle-ci que possède Maurras. Vous savez que c'est la plus rare, la plus grande et la plus heureuse.

Une autre vertu essentielle du chef réside dans une des catégories de l'intelligence : c'est celle qui lui donne une connaissance raisonnée et pratique des forces et des résistances qu'il utilise ou qu'il combat. Je ne crois pas que l'on puisse citer beaucoup d'hommes dont la richesse égale celle de Maurras à cet égard. Forces et résistances sont évaluées par Maurras avec une rapidité et une précision qui forcent l'admiration. A ceux qui parlent d'erreurs dans cet ordre, on pourra demander si tels calculs sont des erreurs lorsqu'ils sont des anticipations, ou lorsqu'ils tendent à provoquer un déplacement ou un regroupement de forces. Et qui niera que Maurras soit maître aussi bien dans l'utilisation que dans le calcul des forces et des résistances ?

Et voyez la fonction de Maurras dans la préparation à la guerre et pendant la guerre. Vous savez bien que Maurras n'a cessé depuis vingt ans d'avertir les Français du péril où était la France. Mais s'est-il limité à les avertir ? Il les a préparés au combat; il a entraîné des bataillons de jeunes hommes ardents au sacrifice, au don complet à la Patrie. Lisez les magnifiques citations qu'a publiées chaque jour l'*Action française* pendant la guerre; vous y verrez souvent cette mention : « volontaire pour les missions périlleuses »; soyez certain que la répétition de cette glorieuse mention n'est pas sans liens avec l'enseignement de Maurras. Les mobilisés de tous âges et de toutes classes qui ont renouvelé ou fortifié leur patriotisme à la lumière des doctrines de Maurras ont considéré que cette richesse leur imposait de plus hautes obligations militaires.

Au surplus, Maurras leur donnait l'exemple, car c'est un fait, et un grand fait, que, depuis le 2 août 1914, Maurras a été le premier des volontaires pour la plus périlleuse des missions. En se plaçant au premier rang de cette « armée française de la plume » qui se donnait pour tâche de veiller sur le moral de la France, de soutenir le gouvernement dans son action patriotique, Maurras n'ignorait pas les vrais périls de guerre auxquels il s'exposait. Nous pouvons parler de cela librement, aujourd'hui. Il faut en parler. Maurras connaissait très exactement la qualité des bandes que l'Allemagne devait lancer contre lui. Il s'est délibérément désigné à leurs coups. Courage civique, si vous voulez. Nous disons mieux : courage militaire. Des amis de Maurras qui étaient aux armées, beaucoup ont pensé, bien souvent, qu'il était moins périlleux de passer une nuit dans un poste d'écoute que d'être à la place de Maurras à l'imprimerie de l'*Action française* pendant certaines nuits, quand les repris de justice de la bande à Vigo pouvaient se croire tout permis contre les écrivains patriotes. Si l'on ne nous a pas tiré dans le dos, pendant que nous veillions au front, si l'on a échoué dans les tentatives faites contre la paix française à l'intérieur, c'est parce que Maurras, de concert avec notre grand Léon Daudet, bravant le couteau et le revolver des traîtres, faisait front contre l'ennemi de l'intérieur et déjouait chaque nuit (parfois à quelques pas des bandes menaçantes) les manœuvres des serviteurs du Roi de Prusse. Exemple de haute valeur pour les amis de Maurras aux armées.

Remarquez bien que Maurras a conçu cette mission périlleuse comme quasi secondaire : une coalition menaçait le cœur de la France; le pouvoir restant inerte ou se faisant complice, Maurras se plaçait entre la France et les assassins possibles. Son objet est de neutraliser la trahison, puisqu'il ne peut l'appréhender ; mais son action positive est ailleurs que dans cette tâche de haute police. Sa tâche est de tourner au bien commun toutes les forces intellectuelles, morales, politiques, sociales dont la coopération peut servir la conduite de la guerre. Le régime ne facilite pas cette coopération. Maurras le corrige par une action personnelle incessante. Toute force utile qui, par fantaisie, par caprice, par humeur, s'écarte du service de l'État, est ramenée par lui au centre de notre défense commune. Il la sollicite, la presse, ou la contraint, et c'est toujours pour la rendre à la France, au service de la guerre. Il n'est pas un républicain qui ait plus contribué que Maurras, pendant la guerre, à l'unité de la République ; pour sauver l'unité française, pour épargner à la France le déchirement, peut-être mortel, que lui eussent causé les luttes des partis, Maurras a aidé le gouvernement républicain à diminuer les maux que déchaîne le fonctionnement anormal du régime. C'est une tâche d'homme d'État. Mais n'oublions pas qu'elle a été conçue, réalisée, conduite par la volonté de tout subordonner aux intérêts militaires. Maurras rassemblait des forces pour les armées, ou pour servir l'action des armées.

Ceci sous le commandement d'une vertu qui est essentiellement militaire, celle qu'exprime ce seul mot : *Servir*. Maurras est entièrement possédé par la passion de servir la France. L'histoire offre peu d'exemples d'une pareille possession. On a vu souvent de grands esprits servir la France à travers leurs ambitions propres, leur goût de l'or ou du pouvoir ; ce que l'on voit rarement, c'est un très grand esprit qui a sacrifié presque toute sa vie individuelle au service du pays et dont l'ambition est d'autant plus satisfaite que son sacrifice est plus grand. Les amis de Maurras se demandent parfois quelle parcelle de lui-même, quel instant de son existence servent à l'ordonnance de sa vie propre, tant il apparaît éloigné, par la pensée de la France, de tout ce qui constitue le bien individuel de l'homme. Il se peut que tout souci individuel soit sacrifié, par lui, hors ceux qu'il faut conserver pour le mécanisme de la vie quotidienne. Il semble que les pensées de Maurras sont depuis longtemps ordonnées pour former une représentation morale et physique de la France, à laquelle Maurras rapporte toute parole qu'il entend, toute phrase qu'il lit, tout événement qu'il connaît, tout visage qu'il rencontre. Ce merveilleux don de soi, est-ce le secret ou l'un des secrets de son prestige, de son influence, de sa puissance? On peut le penser. S'il est vrai qu'un grand ambitieux peut être un grand chef (mais non sans étouffer ceux qui l'approchent), il est non moins vrai qu'un grand serviteur peut être un plus grand chef, plus heureux et plus généreux. Maurras apparaît comme un des plus grands serviteurs du pays; son service de guerre, son exemple, sa puissance de commandement, la confiance qu'il inspire, son énergie le font reconnaître comme l'un des chefs dont l'action est une des conditions de la victoire.

GEORGES VALOIS.

LE POLITIQUE

Des admirateurs de Maurras qui sont ses adversaires ont souvent témoigné le regret que la politique l'ait enlevé aux lettres pures, et même des amis de sa pensée ont rêvé des œuvres qu'il eût eu le loisir de composer s'il avait trouvé réalisé dans l'État l'ordre qu'il travaille à y établir.

Le regret est frivole, car la politique lui a inspiré des pages qui honorent notre langue autant que les plus belles études de critique et les plus éclatantes esquisses de paysages philosophiques.

Dans la multiplicité même du combat quotidien, il prend texte des rencontres de l'actualité pour remonter aux thèmes les plus généraux, et le centenaire de Luther, la carte de pain, les bombes des Gothas lui deviennent l'occasion d'écrire sur la réforme et la communion des âmes, sur le froment et la nourriture de l'humanité, sur les aspects éternels de la guerre, des méditations qu'en nul studio ou nulle retraite il n'aurait menées à plus de perfection que dans le bruit et la hâte de l'imprimerie de la rue du Croissant.

Mais surtout rien n'honore plus l'intelligence française, pour ceux-mêmes qui en contestent le but, que cette action politique efficace et profonde, exercée avec les seules ressources de l'esprit. Alors que tant d'idéalistes professionnels confiaient le succès de leurs conceptions éthérées aux plus simoniaques maquignonnages, c'est un grand spectacle que celui de ce politique réaliste qui entreprit la restauration de l'ordre en France avec le minimum de moyens matériels qu'on ait jamais engagés dans une œuvre temporelle. Si cette pensée est servie aujourd'hui par une organisation puissante, elle l'a tout entière suscitée à la manière d'un pouvoir spirituel.

Charles Maurras disait, voici bientôt quinze ans, à un jeune homme qu'il voyait pour la première fois : « Nous n'avons que deux choses à offrir à ceux qui viennent à nous : une activité raisonnable »; il ajoutait dans un sourire : « et une gloire immortelle. »

Pour une réforme dont l'essentiel était de rompre avec l'hypocrisie kantienne des institutions et d'assurer au bien public la sauvegarde vigilante d'intérêts privés liés à la fortune de l'État, Charles Maurras a fait appel d'abord aux passions les plus désintéressées du patriotisme et de l'esprit de sacrifice et il a compté sur la puissance de séduction, sur la force conquérante de la vérité, présentée sans atténuation et proposée sans réticence.

Tout ce que la direction quotidienne d'un tel mouvement suppose de connaissance des hommes et des choses, d'application, de science des possibilités, quels dons de chef, de juge et de diplomate elle requiert, il faudra le dire un jour. Nous ne voulons pas ici raconter l'action politique de Maurras, mais remonter aux principes dont elle s'inspire et aux idées qu'elle engage.

Charles Maurras cite volontiers ce mot d'Aristote : l'étonnement est le principe de l'instruction. Mais en même temps il se défend avec vivacité d'avoir innové dans l'exposé des vérités politiques traditionnelles et c'est lui faire un compliment par lequel on est sûr de le fâcher, que de le traiter en fondateur d'école et d'appeler cette école néo-royaliste. Pour donner aux antiques vérités retrouvées la grâce de la nouveauté, Charles Maurras n'a eu qu'à les débarrasser du badigeon des mots impropres et des formules de concessions par lesquelles leurs plus récents défenseurs avaient cru les mettre à la mode du jour. Pour goûter la saveur de cette apologétique, il n'est que de se reporter à la dernière défense et illustration de l'institution royale qui compte et qui ait paru avant l'*Enquête sur la Monarchie*.

Elle était signée de M. Vacherot. Ce philosophe radical et incroyant, qui avait été jeune en 1848, en était venu par les réflexions de son expérience à professer la nécessité du gouvernement héréditaire et à sentir le bienfait religieux. C'est une route où bien des adhérents de l'Action Française reconnaîtront leur propre itinéraire. Or, cet homme vénérable, réunissant en un livre le résultat dernier de ses pensées, intitula cette défense de l'autorité royale et des hiérarchies nécessaires dans le monde moderne, la *Démocratie libérale*.

Maurras vint après ce siècle de variations sur la meilleure des républiques, où ceux-mêmes qui avaient défendu les idées de droite en cédant le moins sur le fond avaient cru d'une habileté supérieure de les déguiser sous un vocabulaire avancé. Il protesta d'abord qu'il n'était ni démocrate ni libéral. Au milieu de l'effarement des politiciens et du scandale des bonnes âmes qui avaient fini par concevoir la démocratie et le libéralisme, moins comme des conceptions politiques que comme une générosité de l'esprit et du cœur, tout ce qui avait quelque curiosité d'esprit comprit que la discussion des idées devenait sérieuse du moment qu'on les défendait avec les mots qui en bon français doivent les signifier.

Avant même de savoir si Maurras disait vrai, on comprit qu'il était vrai.

Il avait retrouvé les raisons profondes, les fondements mêmes des doctrines qu'il défendait. Il les avait reconstruites en lui-même avec un minimum de postulat et un besoin cartésien d'évidence. Non pas que dans sa vie publique, il ait jamais professé la négation ou l'anarchie; ses plus anciens écrits sont déjà d'un théoricien de l'ordre, mais sa pensée intérieure avait connu un anarchisme généralisé. Il en a fait la confidence pour rendre hommage au maître éminent auquel il dut sa première réaction contre cette façon inféconde de penser. C'est ce qui donne à cette page, écrite à l'occasion du sacre de Monseigneur Penon, une importance essentielle pour l'histoire de son esprit.

« Notre génération donnait certainement le
fruit parfait de tout ce que devait produire
l'anarchie du xixe siècle, et les jeunes gens du xxe
se feraient difficilement une idée de notre état
d'insurrection et de négation capitale. Un mot
abrégera. Il suffisait pour nous de dire non à
tout. »

Les chefs-d'œuvre classiques que son maître
lui fit lire, lui rendirent le sentiment d'un ordre
et d'une règle.

« Nulle extravagance d'imagination juvénile
ne prévaut contre une beauté qui nous touche
jusqu'au fond de l'âme. S'il n'est point d'autre
discipline, il est toujours celle-là. »

Des conditions de réussite des chefs-d'œuvre,
un esprit bien fait passe vite aux conditions de
prospérité des sociétés humaines et aux exigences des développements d'une civilisation
supérieure. Une comparaison esthétique aide
encore à les comprendre : contemplez un paysage de montagne comme les Pyrénées des
terrasses de Pau. La magie en est faite de l'opposition de la plaine basse, des pentes et des
sommets ; nivelez tout, vous aurez la platitude
d'une Beauce. L'égalité que les sots et les
envieux imaginent comme le beau social, que
des scrupuleux croient une forme de la justice,

n'introduit dans l'humanité que cette platitude.

L'ordre humain est fait de ces lois de gradation dont parle Edgar Poe, et les peuples qui se disputent l'écorce de la terre doivent à l'observation de ces lois, avec la perfection de leurs arts, leur force et la sécurité de leurs frontières.

Ainsi, les deux sentiments premiers et indestructibles que n'ont entamés dans son cœur aucune des négations de son esprit, l'amour du beau et celui de la patrie, conseillèrent également à Charles Maurras de vouer son existence à reconstruire un ordre français.

Une politique inspirée d'un amour aussi général de la civilisation ne risque pas, si fervent que soit le patriotisme qui l'échauffe, de jamais perdre de vue les rapports du national avec l'universel. En politique religieuse, Charles Maurras a toujours montré comment l'argument des titres nationaux du catholicisme en France ne pouvait aucunement être retourné contre l'Église romaine dans les pays dont l'histoire se confond plus ou moins avec celle d'un schisme ou d'une hérésie. Cela supposerait prouvé, ce qu'aucun catholique n'admettra, que cette dissidence ait été un bienfait. De même, pour rester dans la sphère des intérêts humains, le nationalisme français n'a rien d'un particularisme : la tradition n'est pas l'ensemble des survivances du passé, bonnes ou mauvaises, c'est la somme des réussites et des bienfaits et l'incomparable titre de la tradition française, c'est d'être la plus humaine de toutes les histoires nationales. Pour tout peuple l'indépendance et le salut de son Etat est le bien essentiel et tout patriote peut répéter en un sens les vers d'Angellier :

> Je défends le pays qu'ont défendu mes pères
> Et j'abandonne aux dieux le soin de le juger.

Mais tout nationalisme n'a pas des justifications égales, si l'on donne à ce mot son sens précis d'attachement aux caractéristiques propres d'une communauté historique et de volonté de les garder de toute altération.

Quelque valeur qu'ait l'originalité des diverses civilisations, elles ne prennent tout leur prix qu'autant qu'elles participent à la civilisation et qu'elles y concourent. Cette notion peut créer un grand embarras de conscience à un Papou ou à un Patagon; à un Français, comme à un Athénien ou à un citoyen romain, elle apporte une raison de plus d'aimer sa patrie et Maurras pouvait, dans sa supplique à Pie X, définir son système :

« Non un nationalisme étroit, mais le sentiment européen et planétaire du véritable bien de tous les peuples intéressés à l'existence d'une France saine et puissante. »

Ce système est si satisfaisant pour l'esprit que quelques-uns ont voulu y voir une pure construction de l'esprit. Pas de contre-sens plus complet. Charles Maurras l'a reçu de l'observation des faits. Il professe que la politique est une science d'observation et s'il méprise les collectionneurs de faits bruts et incompris, à la manière de... (mais à quoi bon faire à ces pauvres vicomtes de la peine ou de la réclame?) il pousse aussi loin que possible le goût du fait intelligible, du fait qui révèle sa loi. Les idées qu'il chérit, il ne les aime jamais tant, il l'avoue, qu'à peine dégagées des faits qu'elles régissent, comme ces dryades ou ces nymphes qui se confondent encore à moitié avec les arbres et les eaux.

De là, la méthode discursive de ses expositions; son refus constant de figer dans un *Manuel* ou dans un *Formulaire* le système le plus lié et le plus cohérent qui soit pourtant. De là son aversion de l'esprit juridique, le propre de cette technique étant d'abstraire certains éléments de la réalité pour les soumettre à une règle elle-même abstraite. Et nous défendrions volontiers la légitimité de cette algèbre sociale, si ceux qui y excellent n'avaient trop souvent tendu à confondre leurs analyses avec l'expression de la réalité vivante. On comprendra la vraie portée de la critique de Maurras en se reportant à la distinction qu'il a souvent faite, de l'institution et de la loi. On la comprendra mieux encore en relisant les défenses que ce théoricien de l'anti-parlementarisme a publiées de la politique de Louis XVIII et de grandes parts de celle de Louis-Philippe.

Toute son apologie de l'hérédité politique lui a été dictée par les leçons de l'histoire où les enseignements de la guerre turco-hellénique de 1897 corroboraient les résultats de la démocratie athénienne de Périclès à Démosthène.

Les idées d'autorité et de gouvernement par en haut, dont il avait d'abord senti la convenance, auraient pu, sur le plan logique, aboutir à la conception d'une aristocratie seulement intellectuelle comme la rêva Renan, d'une hérédité sociocratique comme la proposa Auguste Comte.

Ce sont les faits bien observés qui l'ont conduit à répudier comme factice ce choix des meilleurs par leurs pairs et à conclure que le pou-

voir est transmis avec avantage suivant les lois
qui propagent la vie.

Comprendre les faits, c'est se mettre à même
de les prévoir : la guerre mondiale est devenue
le jugement des théories qu'elle a démenties ou
confirmées. L'autre année, un brillant écrivain,
M. André Maurel, au milieu de justes hom-
mages à Maurras écrivain et à son sens français, avait imaginé, dans *la Revue des nations
latines*, que la guerre contredisait le nationalisme intégral. Sur plusieurs points, André
Maurel prenait nos vœux communs pour réalisés, et il est mélancolique de relire aujourd'hui[1]
le passage où il se demande ce que Maurras
peut dire quand « il voit l'Allemagne et l'Au-
triche s'écrouler en dépit de l'autoritarisme gal-
vanisateur ».

Ces lignes paraissaient le 1er novembre 1916.
Depuis ce temps, nous n'avons pas vu cet écrou-
lement ; nous l'avons souhaité[2], ce qui n'est pas la
même chose, et le plaisir nous en eût été plus
vite donné si l'Entente, supérieure en nombre
et en ressources, avait su réaliser plus tôt, fût-ce

1-2. Ceci était écrit au fort des dernières offensives germa-
niques. Aujourd'hui que nous avons vu la défaite de la Barbarie,
nous mesurons encore mieux de combien son armature politique en a retardé l'échéance.

momentanément, le commandement d'un seul. Mais surtout, le critique s'abuse quand il prend au sérieux la formule : guerre des démocraties, au point de concevoir la guerre universelle comme une vaste expérience instituée pour que la victoire, que Maurras appelle, démente ses théories.

Le rôle essentiel d'Albert Ier et de Victor Emmanuel III dans les résolutions de la Belgique et de l'Italie ; l'Angleterre renonçant au gouvernement d'un parti pour la première fois depuis 1688 ; Lloyd Georges faisant la guerre avec les Lords après avoir fait la guerre aux Lords ; Wilson n'usant de ses pouvoirs de monarque temporaire qu'une fois débarrassé du souci de sa réélection ; l'État russe ne survivant pas un an à l'abdication de sa dynastie : autant de faits que les enseignements de Maurras nous avaient préparés à comprendre. Mais surtout nos victoires, la Marne, l'Yser, Verdun, ces beaux réveils de notre race avaient toujours été dans ses prévisions d'avant-guerre. A la différence d'autres critiques qui, voyant nos maux, tombaient dans le désespoir, Maurras avait toujours cru, toujours dit que nos forces profondes étaient intactes et seulement administrées d'une façon indigne d'elles.

Cette juste mesure de pessimisme et d'espérance, cette prévision nuancée de nos ressources invincibles et du prix que nous coûteraient nos faiblesses, cette vue de l'infériorité de la race allemande et de la supériorité de son organisation — c'est l'euphémisme officiel pour dire *Institutions* — qui oserait dire que quatre ans bientôt de guerre n'en ont pas vérifié la juste complexité?

C'est donc en vain qu'on essayait d'élever un scrupule entre le patriotisme de Charles Maurras et son enseignement. Pour tous ceux qui l'ont accepté, il a été une source sans mélange d'espoirs comme de vertus. S'il montrait les brèches du rempart, il apprenait à les combler par un supplément de sacrifices. Sur les champs de bataille où des Français de toutes doctrines ont rivalisé de mérite, les élèves de certains maîtres n'ont eu qu'à oublier leurs idées, les disciples de Maurras n'ont eu qu'à s'en souvenir.

M. DE ROUX.

L'ÉCRIVAIN

J'AI eu, un instant, la pensée d'écrire, en votre intention, mon cher Laerte, dans ce livre, consacré à Charles Maurras, un essai sur le style. Mais je n'ai point tardé à m'apercevoir qu'un pareil labeur dépassait de beaucoup les dispositions actuelles de mon esprit et lasserait sa patience ; aussi je qualifiai ce travail de parfaitement vain ; son inutilité me parut flagrante, et je viens selon mon habitude, bavarder pendant quelques instants avec vous, et vous proposer, je ne dirai pas des idées, mais de simples remarques qui se sont présentées à moi en lisant Maurras. Considérez-les donc, toutes. comme des notes en marge d'un texte.

Nous ne savons pas ce qu'est le style. Et, cependant, cela ne nous empêche point de déclarer qu'il existe des auteurs qui écrivent *bien*, et d'autres qui écrivent *mal*. Il est des gens qui emploient un style parfaitement grammatical et correct, et qui n'ont pas de *style*; il est des artistes qui ont torturé la langue, qui ont même eu l'outrecuidance, n'est-ce pas Messieurs les Professeurs! de se forger une langue à leur usage personnel, et qui ont du *style*. Les premiers ont du style, à peu près comme un chromo a de la couleur et de la peinture. « Ils écrivent si bien! » déclare la jeune femme qui, par contre, ne conviendra point que Courteline est un écrivain des plus rares. Labruyère, Fénelon, Vauvenargues, si je m'en souviens exactement, ont reproché à Molière son style. Schérer va jusqu'à affirmer qu'il est « aussi mauvais écrivain qu'on peut être! » Certes, dans les comédies en vers, les négligences abondent. Il y a des scènes de Tartufe où les mêmes mots se trouvent à la rime tous les quatre ou cinq vers. Mais cela n'entache pas le *style*. Cela le dépare, mais ne lui ôte ni sa verdeur, ni ses qualités essentielles. Dans les grandes pièces en prose, aucune des *imperfections* des morceaux rimés ne se remarque.

Et, à y regarder de près, le *style* est identique et reste, à mon avis, ce que la littérature française a produit de plus alerte, de plus significatif, au xviie siècle.

Que de stupidités n'ont pas été débitées, aussi, au sujet du style de Balzac. Mais Brunetière,

après avoir reçu le coup de grâce balzacien, a
fait justice de tous ces jugements; il me paraît
avoir résolu avec autorité cette question du
style, en ce qui concerne Balzac, tout au moins;
mais les raisons qu'il donne pour la défense du
Titan de la « Comédie humaine » peuvent s'employer pour celle d'autres accusés. Balzac, d'ailleurs, ne disait-il pas que Hugo, Gautier et lui
étaient les seuls à posséder à fond, leur langue,
et à savoir en utiliser les ressources ?

Saint-Simon écrit évidemment *mal*; mais quel
ton, quelle allure ! Et connaissez-vous beaucoup
d'œuvres qui puissent, par le style même, tenir
à côté des « Mémoires » ?

Prenons les contemporains. En quoi le style
de Renan, par exemple, est-il comparable à
celui des Goncourt ? Et ce sont, cependant,
deux manières qui ont leur admirateurs comme
leurs détracteurs. On peut en dire tout autant
de Bourget et d'Hervieu. Celui-ci s'est fait — on
en convient — un style XVIIe siècle. Il a le maniement des *qui* et des *que* ; et il possède à son
actif, dans une préface qu'il composa, jadis, pour
Adolphe, et dans certains chapitres de ses
romans, des phrases inextricables. Elles évo-
quent ces cartes d'état-major où les canaux,
les voies ferrées, les routes, les sentiers et les

chemins de traverses entrecroisent leurs mille lignes. A l'étude, et avec de la bonne volonté on finit par découvrir que tous ces traits mènent quelque part... mais il faut de la science.

Mon cher Laerte, une belle phrase avec ses incidentes me fait l'effet d'une route droite, agrémentée d'auberges, de bouquets d'arbres protecteurs de sources où il est doux de s'arrêter, pour admirer le paysage parcouru, avant de terminer l'étape.

La lecture de Charles Maurras m'a imposé, tout récemment, cette image. Il est impossible d'écrire à la fois plus purement et avec plus de style.

Maurras est un écrivain de tradition latine. On ne m'a certes pas attendu pour s'en apercevoir ; mais si je vous le répète, c'est afin d'ajouter que ses méditations et ses contes, ses écrits politiques et de philosophie sont exempts du défaut, je devrais dire de la caractéristique des écrits de la plupart des écrivains appartenant à la tradition à laquelle il se relie et dont il s'étonne justement de descendre. En un mot, il n'a rien du rhéteur. Il ne se laisse jamais aller aux plaisirs des longs développements en phrases cadencées, aux discours aimables. Ses décors prêtent certainement aux descriptions nobles, mais la raison donne à son style une précision et parfois même une austérité qui lui sont propres et qui le distinguent — car, malgré le peu de désir que j'en ai, il est impossible de ne point placer à côté de Maurras, Anatole France. Je reviendrai sur ce « parallèle ».

Il y a en Maurras un logicien, un pamphlétaire et un poète. Ce dernier surtout nous retiendra.

Le logicien a écrit l'*Avenir de l'Intelligence*. Le volume renferme une étude sur Auguste Comte. Elle sera certainement appréciée dans le présent fascicule par plus digne et plus autorisé que moi. Mais puisque je vous entretiens du style de Maurras, avouez, Laerte, qu'une intelligence n'a jamais été plus profondément, plus définitivement pénétrée par une autre intelligence que dans cet essai. Voilà, par le pouvoir de la phrase et des mots, un système mis à nu, nerfs et muscles. Voilà, par la force d'une dialectique tout athénienne, par la seule vertu de la raison servie par l'implacable instrument qu'est une langue sûre, des pages lucides. Leur lecture n'a rien de rébarbatif. Elle n'a rien de plaisant non plus. Et quelle aisance et quelle dextérité ! quelle maîtrise ! Pour mener un raisonnement à l'extrême, jusqu'à sa conclusion la plus logique, je ne connais qu'un penseur comparable à Maurras ; ne bondissez pas, Laerte, en lisant le nom de Rousseau. Vous me demandez des preuves ? Je ne vous en donnerai point. Je vous répète que je n'ai ici d'autre but que d'offrir à vos critiques ou à votre approbation, les remarques que m'a inspirées la lecture de quelques œuvres de Charles Maurras.

Le pamphlétaire, le journaliste, si vous voulez, a trop de hauteur d'âme, de distinction dans l'esprit et de foi dans sa doctrine pour employer un vocabulaire truculent et l'injure. Il n'a d'autre haine que la haine froide et désarmante de l'idée. Lisez dans l'*Action Française,* ses notes quotidiennes. Si ses certitudes vous laissent dans l'indifférence, le ton dont il les expose ne peut que fortifier votre culte de l'intelligence et votre goût de la clarté. La qualité d'un Maurras se révèle tout entière, et dans le beau de son jour, à être comparée à la manière plutôt lourde des polémistes de notre époque. Ici encore, dans un labeur probablement hâtif, son style garde son assurance et sa race.

Nous devons au poète le *Chemin de Paradis,* l'*Etang de Berre* et *Anthinea.* Je ne vous parlerai pas ici, à mon vif regret, de ce dernier ouvrage. Je n'ai pu me le procurer, il est épuisé. Cela m'enchante en me démontrant que l'amour des belles lettres n'est pas mort. J'ai relu le *Chemin de Paradis*, dans un exemplaire acheté à Aix-en-Provence, vers la fin de 1915. C'était l'époque où Joachim Gasquet, Joseph d'Arbaud et moi parcourions la campagne; et, sous une tonnelle, dans un village, dont je ne parviens pas à me rappeler le nom, Gasquet nous a lu la *Reine des Nuits*. O domaine d'ombre bleue visité par trois fantômes qui sont *nos* fantômes à tous!

Maintenant, à côté de Maurras, voici Anatole France. Ne voyez-vous pas, comme moi, cher Laerte, l'auteur de la *Reine Pédauque*, de l'*Histoire Contemporaine* et du *Jardin d'Epicure*, dans un beau cabinet de travail au milieu de bouquins précieux, de manuscrits, de bibelots uniques. Le cours de la Seine lui évoque les fleuves d'Italie; et les peupliers de ses rives, les cyprès lombards. Il se remémore ses discours avec des sages désabusés comme lui. Il nous a transmis les plus succulents de leurs récits. C'est de leur expérience, comme de l'enseignement des livres qu'il a tiré, je ne dirai pas sa philosophie, mais son agréable morale. Son savoir est immense et nulle pédanterie ne le souille. Certes, c'est un maître. C'est un humaniste de la Renaissance. Il s'est entretenu avec les Dieux sans être le moins du monde intimidé. Souvent même, ses objections ont dû leur faire connaître l'embarras, et c'est autant de gagné pour l'intelligence humaine. Et c'est avec un sourire, sous la forme d'apologues, d'allégories et de contes que France détruit, avec la certitude que tout recommencera. Un tel sens de la Beauté lui a été départi, le tour de son ironie est d'une persuasion telle que peu d'entre nous demeurent insensibles au sortilège. « Elles dansent avec tant de langueur, ces femmes d'Arménie... », a-t-il écrit quelque part. Je cite de mémoire et probablement mal, ce dont je m'excuse. Mais cette phrase se formule d'elle-même sur mes lèvres, quand j'ouvre, comme dérivatif à nos maux actuels, le *Puits de Sainte-Claire*, ou l'*Etui de nacre*, ou la féroce série inaugurée par l'*Orme du Mail*. Quels magnifiques divertissements ce sage ne nous ordonne-t-il pas? Et quel vin, que le suc qui a jailli, sous ses mains délicates et avides, de la lourde grappe antique! Quel poids ses maximes n'empruntent-elles pas aux exemples qu'il choisit pour nos méditations.

Les anciens ne vivaient pas toujours couronnés de roses, devant les tables des banquets. Maurras m'apparaît dans le rayonnement de la lumière antique, — mais dans celui qui tombait des yeux clairs de Pallas-Athéné. Platon édifiant la *République* me semble son image. Que ce mot — qui m'est très cher — écrit à propos de Maurras ne vous incite pas à sourire! Je désirerais exprimer par là que ce n'est point le sourire indulgent et averti du sage désintéressé qui inspire le poète du *Chemin de Paradis*, mais bien le front *mathématique* de la Déesse. Si, comme France, il a choisi la forme du fabliau ou du mythe, il s'en sert dans un but tout autre. Des relents de poussière embaumée, une odeur de vin et de fleurs se dégagent des imaginations de France. Mais celles de Maurras exhalent je ne sais quel parfum plus âcre, plus fort, moins mélangé et plus salubre. C'est comme un surgeon qui sortirait de la racine elle-même, au-dessous de la greffe. Nul abandon, nulle langueur dans ce style d'édificateur. Dans ces fables, rien qui ne vous pousse à la gravité. Et le philosophe-conteur répand, dans un moule traditionnel, une matière bien à lui pour fondre la *statuette de la pure pensée*.

La *Reine des Nuits* est un manuel de morale amoureuse. Mais, sous le calme apparent de ce superbe *andante*, quelle angoisse, quel trouble et quelle vérité! Devant la facilité du plaisir, Maurras sent *gronder la raisonnable Intelli-*

gence, pareille à un esprit inquiet qui voulait qu'on le satisfît.

C'est à la Provence païenne que Maurras est redevable de son *style*. Vous le savez, Laerte, la Provence n'est pas une terre de farceurs; ses paysages sont les plus nobles et les plus dépouillés du monde; et ce fragment de colonne qui se montre au milieu d'un champ d'oliviers et de vignes donne un élan pathétique à l'esprit du rêveur. Je n'en terminerais point si je vous présentais quelques-unes des trouvailles de ce style, et si je tentais de vous le définir. J'aurais aimé vous parler, aussi, de Maurras historien politique et du psychologue, du parfait romancier des *Amants de Venise*. D'autres ont eu, ici-même, ce plaisir.

Laissez Maurras, dans la préface du *Chemin de Paradis*, nous révéler les secrets de son style : « Je dirai donc que j'aimerais voir ces pages entre vos mains, comme ces recueils de vergé filigrané que l'on peut regarder à la Bibliothèque. L'aspect en est bien ordinaire et les yeux malhabiles n'y trouvent à chaque feuillet qu'une suite de champs d'une vieille teinte jaunâtre, ou bleuis vaguement. Mais celui qui les offre au rayon d'une lampe ou à la lumière du jour ne manque pas d'y voir transparaître des figures singulières et dignes d'attention, si naïf qu'en soit le dessin, car elles nous conservent les marques distinctives de nos plus anciens artisans.

» Si peu que soit mon art, il ne laissera pas de donner ainsi quelque joie à qui y cherchera, non plus la cloche, le griffon, l'écu, le lys en fleur, le coq, l'aiguière, la colombe ni les autres symboles de cette industrie primitive, mais les traits d'une simple et pieuse philosophie. Ces traits se feront voir dans leur naturel quand vous présenterez les pages de ces Mythes et de ces Fabliaux au clair intérieur de vos réflexions. Ils se révéleront sous un mince tissu de phrases, dont je peux dire que je n'ai pas écrit une seule sans l'illustrer comme d'un filigrane de sens secrets. Tous apparaîtraient à la longue si une phrase avait longue vie. Du moins, par vous, par le rayon de vos rêveries attentives, plus d'une humble figure de ce livre fera briller une vérité méconnue; comme un simple caillou des sentiers de notre Provence participe, au soleil, des ondes du ciel. »

Voilà qui est la perfection même. Nul accent ne doit signaler le pur langage, comme nulle excentricité ne doit déparer le beau style.

ALBERT ERLANDE.

LE JOURNALISTE

C'EST à Beaucaire que j'eus le plaisir de faire la connaissance de Charles Maurras.

C'était une année où les cigaliers et félibres avaient descendu le Rhône en bateau et parcouraient la Provence, Mariéton en tête, pérorant, banquetant et semant des bustes tout le long de leur route. A Beaucaire, la fête dura jusqu'à une heure très avancée de la nuit. C'était pendant la foire. Vers deux heures du matin, une farandole monstre, « joyeuse et folle », envahissait un des cafés en planches installés sur le Pré, renversait les tables, les chaises... et tout l'attirail d'un journaliste qui, dans un coin, rédigeait un compte rendu de la journée pour un journal de Paris. Le journaliste, sans s'étonner autrement, sans maugréer, ramassait ses papiers et allait chercher une autre salle de rédaction. Deux ou trois heures après, je le retrouvais à

Tarascon. Il faisait jour déjà, car on était en été, et mon journaliste, dans le calme matinal et la sérénité tarasconnaise, continuait son article sur la table d'une terrasse de café déserte.

C'était Charles Maurras.

Il portait alors les cheveux longs, comme d'autres. Depuis, il y a renoncé, mais il ne devait renoncer ni à écrire ses articles contre vents et marées, ni à les écrire à des heures impossibles.

Maurras suivait la randonnée cigalière comme « envoyé spécial » de la *Gazette de France*. Il était sûrement le plus spécial des envoyés spéciaux, car lui, du moins, savait de quoi il s'agissait, comprenait et parlait le provençal. Il l'écrivait même et joliment.

Dans ce voyage, si Maurras ne débutait pas comme félibre, il ne débutait pas davantage comme journaliste. Il avait déjà collaboré à l'*Observateur français*, un journal que dirigeait Denis Guibert, qui fut député de la Réunion ; à la *Plume*, où il signa avec Moréas le Manifeste de l'École romane ; à la *Cocarde*, dont Barrès avait pris la direction et où il se trouvait avec son grand ami Frédéric Amouretti, qui fournissait d'idées toute la maison...

Où Maurras, qui ne s'occupait encore que de

littérature, révéla l'étendue de sa culture, toute la pénétration de son intelligence, toute la finesse et la sûreté de son goût, ce fut à la *Revue Larousse*. Il y était chargé de la critique littéraire. Il s'y affirma immédiatement un maître et acquit sans tarder une grande autorité : on s'accorda pour saluer dans ses articles la promesse d'un nouveau Sainte-Beuve.

Maurras cependant évoluait vers la politique. Il entra au *Soleil*. C'est au *Soleil* qu'il écrivit, je crois bien, ses premiers articles politiques. C'est au *Soleil* aussi qu'il a fait ses articles les plus courts. Édouard Hervé, à cette époque, dirigeait encore la maison. On n'y faisait pas de politique combative. Le style du journal était resté académique. La collaboration était brillante. On y voyait Émile Faguet, le bon et charmant Georges Niel, qui signait *Furetières* et qu'on appelait « le Maréchal », Léon Daudet, Jean Carrère, Louis-N. Baragnon, Louis Dimier, Félicien Pascal... Mais le *Soleil* déclinait. A la fin d'une année, le bilan accusa un déficit d'une vingtaine de mille francs. Il y avait tout juste de quoi sourire : un bon traité de publicité eût suffi à rétablir la balance dans le budget prochain. Mais les timides bourgeois qui composaient le conseil d'administration virent un gouffre ouvert sous leurs pieds. Ils perdirent la tête. Il est vrai que leur situation de fortune ne leur permettait guère de braver un déficit de vingt mille francs : à cinq ou six, les pauvres! ils ne représentaient qu'une soixantaine de millions. Et ils passèrent la main.

Maurras se transporta rue Baillif, à la *Gazette de France*, dont il était déjà le collaborateur et à laquelle il donna dorénavant toute son activité.

A la *Gazette de France*, il commença de rajeunir et de revivifier la doctrine monarchique. Et comme le bon Dieu fait bien les choses! La *Gazette* était précisément le seul journal où Maurras pouvait avoir assez de place et s'étendre à son aise pour développer son système. Il en profita. Chaque jour, sa prose, sa belle prose politique, si claire, oui, monsieur Sixte-Quenin, si nourrie, et si française, occupa trois, quatre, cinq colonnes du journal. Encore se contenait-il. Je me souviens d'un article où, à la fin de la quatrième colonne, il terminait à peu près en ces termes : « Quel dommage que les nécessités du journal ne nous permettent pas de donner à cette idée tout le développement qu'elle comporte ! » Mais Maurras est de ceux dont on peut dire, comme Mireille de Vincent :

Passariéu mi vihado e ma vido à l'ausi.

La *Gazette de France* fut à la fois pour Maurras le gymnase et l'Académie : il en sortit fortement armé pour les luttes de l'Agora. Après avoir assoupli sa plume aux exercices, nouveaux pour lui, de la démonstration et de la polémique dans le domaine politique, appris à manier les arguments et à combattre les objections, accumulé les connaissances, après s'être assimilé l'antique fond de la doctrine, après avoir édifié sur ce fond immuable des constructions nouvelles, d'un style personnel, essayé auprès d'un auditoire restreint des théories originales, il allait aborder le grand public du haut de la tribune retentissante d'un journal nouveau, qui serait son journal, l'*Action Française.*

Retentissante, cette tribune fut quelque temps à le devenir, et même assez longtemps. Certes un nombreux public s'était tout aussitôt groupé autour de Maurras, et le cercle chaque jour s'élargissait dans des proportions imposantes. La chapelle devenait église, mais seuls y entraient encore ceux qui étaient déjà croyants, ou qui l'avaient été, à qui Maurras pouvait redire le mot de l'*Imitation* : « Tu ne me chercherais pas si tu ne m'avais déjà trouvé », ceux-ci venant renouveler leur foi dans une onde nouvelle et fraîche, ceux-là venant la fortifier et l'exalter. Mais la voix de l'apôtre des temps nouveaux de la monarchie ne parvenait pas jusqu'aux infidèles. Ou, si elle allait jusqu'à eux, ils faisaient comme s'ils ne l'entendaient pas. Vous rappelez-vous la brusque et saisissante apostrophe qui ouvre une des satires des *Châtiments* :

Ah ! tu finiras bien par hurler, misérable !

Maurras ne l'a jamais reprise, mais il a dû souvent se la répéter en lui-même à l'adresse de ceux qui faisaient les sourds. Le jour arriva où les sourds entendirent et où les muets... crièrent fort.

Il était impossible que l'*Action Française* ne finît par s'imposer à l'attention du monde politique et de toutes les catégories du public. Sans parler du grand souffle de foi qui la portait, de l'ardeur qui l'animait, du courage si français qu'on y respirait, elle réunissait trop de talents pour ne pas prendre une place brillante parmi les journaux parisiens. Et Maurras en était l'âme, pensante, agissante, dirigeante. Depuis le milieu de l'après-midi, qui est le moment où l'on commence à faire les journaux, jusqu'à trois, et même quatre heures du matin, il s'y tenait, il s'y tient. De tous les journalistes de Paris, il n'est peut-être pas toujours le dernier couché, mais il reste toujours le dernier à écrire ou à corriger des épreuves, où il a toujours quelque chose à ajouter. De cet œil dont Anatole France a dit, dans la préface du livre : *Des Alpes aux Pyrénées*, qu'il « voit et entend tout », il surveille son journal et examine tout ce qui doit y paraître, depuis l'article de tête jusqu'aux annonces. Il assure ainsi cette belle unité de l'*Action Française*, qui fait que tout, jusqu'à la chronique de la Mode, y est inspiré du même esprit et tourné vers le même but. On pourrait dire, sans exagérer, que chaque numéro de l'*Action Française* est un poème dont chaque rubrique est une strophe.

Parmi ces rubriques, il en est une qui était très vieille dans les journaux et dont Maurras a fait une nouveauté ; c'est la *Revue de la Presse*. Jusqu'à lui, les journaux, pour cette revue, se contentaient de mettre bout à bout des extraits des articles des confrères, coupés au petit bonheur, souvent à l'endroit le plus insignifiant ; le travail du rédacteur consistait à découper, à coller et à faire précéder la coupure d'une simple indication : « De M. X. dans la *République Française,* » ou « de M. Y. dans le *Radical* ». Maurras donna de la vie à la *Revue de la Presse,* comme à tout ce qu'il touche, et la fit servir à son enseignement. Il choisissait d'abord, et ses choix étaient heureux. Il eut même cette audace de croire qu'il y a en dehors de Paris des gens qui pensent et de cueillir dans les journaux de province ce qui lui paraissait digne d'intérêt. Puis il commentait. La simple approbation ou désapprobation ne lui suffisait pas. Plus bref, naturellement quand il avait à louer des idées qui lui paraissaient justes, il donnait à sa critique un certain développement quand il avait à réfuter ce qu'il jugeait faux. Métier difficile et à la portée de peu de journalistes. Mais Maurras avait une préparation au journalisme peu commune. La plupart se jettent dans cette carrière au sortir du collège, inutile d'ajouter avec quel maigre bagage : heureux si, chemin faisant, ils se donnent le temps de compléter leur instruction. Quand il prit la plume du journaliste, Maurras avait derrière lui de longues heures de bibliothèque et d'immenses lectures. Et c'est peu de dire qu'il possédait à fond la philosophie, l'histoire et la littérature : sur tous les sujets et dans tous les domaines, il s'était fait une opinion fortement assise.

Il n'en fallait pas tant pour une *Revue de la Presse*. Maurras fit du luxe, et il enrichit singulièrement, en les commentant, les articles des confrères. Plus d'un fut étonné, en se relisant dans l'*Action Française*, d'apprendre qu'il y avait tant de choses dans ce qu'il avait écrit. Le plus médiocre des journalistes qui aurait été cité quelquefois dans la revue de Criton ferait un livre intéressant d'un recueil de ses articles... « avec commentaires par Charles Maurras ». Cette revue, c'est le carrefour où se rencontrent toutes les bonnes idées et les sottises qui sont offertes chaque jour aux bons lecteurs du pays de France. Maurras les marque et les dissèque, développant et complétant les unes, perçant à jour les autres, se jouant avec aisance à travers les sujets les plus divers, versant dans sa critique les trésors de son érudition, citant au courant de la plume, avec un égal bonheur, une pensée d'Aristote ou de saint Thomas d'Aquin, une phrase de Démosthène, un vers de Racine, de Moréas ou de Mistral... Criton avait créé un genre. Il fut imité. Mais les « Liseur » et les « Lector », ses enfants, ne le suivent que de loin.

Une *Revue de la Presse* comprise de cette

façon suffirait à occuper la journée d'un bon journaliste. Maurras, quand il la rédigeait, faisait encore bien d'autres choses. Retenons seulement ses articles ou ses *Notes politiques* de la première page. C'est là que, sous sa signature, il expose directement ses idées. Tantôt il commente le fait du jour, un événement, un discours, un écrit, et tantôt il polémique. Dans sa démonstration comme dans sa discussion, on ne sait ce qu'il faut admirer le plus, de l'étendue de ses connaissances, de la sûreté de son érudition, de là clarté de ses idées, de la maîtrise de son style, ou de la puissance redoutable et redoutée de sa logique et de la vigueur de sa dialectique. Il a fait d'innombrables et de brillantes conversions, et, parmi ceux de ses adversaires qu'il n'a pas attirés à lui, combien ont profité, sans le dire, de ses leçons ! Si bien que, s'il n'a pas encore restauré la monarchie, il a du moins rendu de grands services à la république. C'est d'ailleurs ce qu'on lui pardonne le moins : l'homme peut oublier les coups qu'il a reçus d'un adversaire ; il lui tient rigueur des bienfaits qu'il en a acceptés.

Sixte-Quenin a cependant un autre grief contre Maurras : il lui reproche d'écrire des articles trop longs. Mais depuis que l'on sait que le député d'Arles refuse du génie à Mistral, on se méfie un peu de son sens critique. Les articles de Maurras ne sont pas courts, c'est vrai. Ils se rapprochent beaucoup plus de ceux qu'on écrivait dans la presse d'idées, qui fut celle de la Restauration et de la Monarchie de Juillet, que de ceux de Rochefort, qui auraient tenu, en caractères moyens, en vingt lignes, ou de Magnard, ressuscité, plus sérieux, en Capus. Qu'importe, n'est-ce pas, s'ils sont nourris, et s'ils sont intéressants, ce que personne, hormis Sixte-Quenin, ne niera.

Et Maurras a tant à dire ! Songez donc qu'il est le coryphée d'un chœur innombrable qui le laisse à peu près parler tout seul. Il a assumé la mission de combattre, au nom de principes bien arrêtés, d'un système parfaitement défini, et pour une cause franchement déclarée, non seulement les idées politiques qui dirigent notre vie nationale, mais les concepts philosophiques, les vues historiques et jusqu'aux influences littéraires qui sont à la source de ces idées. Notez d'ailleurs qu'il a à faire, avec l'éducation de ses adversaires, celle de ses amis, royalistes ou vagues conservateurs, qui avaient oublié pas mal de choses sans apprendre beaucoup de nouveau.

Il lui arrive même d'étonner ses amis autant que ses adversaires. Tant qu'il cite Aristote, tout va bien : on le croit sur parole. Mais quand il rapporte qu'Auguste Comte est plein de respect pour l'organisation de l'Église catholique ou que le Renan de la *Réforme intellectuelle* a d'excellentes idées sur le gouvernement, catholiques et royalistes ouvrent de grands yeux, et quand il assure aux députés socialistes qu'en refusant la « Part du Poilu » ils font de la morale kantienne, Bracke peut comprendre, Sembat aussi, et encore Ellen-Prévot et mon vieux camarade Fourment, mais la plupart en demeurent stupides. Il faut donc qu'il s'explique. D'où les développements, et l'article qui s'allonge...

Mais quelle flamme l'anime, cet article ! Passion politique ? Non. Ma négation étonnera peut-être. Je la maintiens. Maurras n'est pas un passionné politique : c'est un passionné intellectuel. Avant tout, il défend l'Intelligence, il sert la Raison. Au besoin l'épée à la main. Car ce studieux répond toujours présent quand un adversaire l'appelle sur le pré. D'ailleurs, il s'en est toujours très bien sorti, même avec des adversaires, et ils ne venaient pas tous de la gauche, qui « voulaient sa peau » : quelque saint Michel doit combattre à côté de lui, saint Michel de Frigolet sans doute.

Ce chevalier de la Raison a été soupçonné

parfois d'ignorer ou de mépriser le sentiment. Quelle erreur ! Maurras a été trop « fou de poésie », il aime toujours trop les poètes, il est trop amoureux des divines cadences de Racine, il s'émeut trop à la vue de la beauté, sous toutes ses formes, il donne trop de prix à l'amitié, il a fourni trop de preuves de la générosité de son cœur pour qu'il puisse être taxé, à un degré quelconque, d'insensibilité. Il faut sentir profondément soi-même pour analyser et comprendre, comme il l'a fait, le « mal romantique » dans ses *Amants de Venise*. Ces beaux malades n'ont pas eu de clinicien plus pitoyable à leurs tourments, plus ami de leur pauvre cœur. Et souvent encore, Maurras n'interrompt-il pas ses articles politiques pour louer, défendre ou pleurer les poètes et amis qui lui sont chers :

> *... Neque semper arcum tendit Apollo.*

Mais il soumet le sentiment à la discipline de la Raison : c'est la grande règle classique. En politique, comme en philosophie et en littérature, il ne reconnaît d'autre guide, d'autre maîtresse que la Raison, appuyée sur la nature et l'expérience. C'est au nom de la Raison qu'il combat l'idéologie des théoriciens de 89, l'idéalisme philosophique de Kant et ses conséquences politiques et morales, l'individualisme romantique. La restauration dont il rêve est celle de l'ordre, de la mesure, de l'harmonie.

Mais je sortirais de mon sujet en analysant plus avant les idées de Maurras. Il fallait bien pourtant en dire un mot : ce n'est pas ma faute si Maurras est un journaliste qui a des idées. Mais je n'ai même pas tout dit sur Maurras journaliste. Laissons à nos petits-neveux le soin d'écrire des études complètes et tout à fait exactes sur les écrivains qui vivent encore et en compagnie desquels nous marchons. J'ai tenu simplement par ces mots rapides à m'associer à l'hommage que des compatriotes et des amis rendent à Charles Maurras, qui voudra bien trouver ici l'expression de ma grande admiration et de ma fidèle affection.

JULES VÉRAN.

LE VOYAGEUR

Impossible décidément de dénicher, même chez les mieux achalandés des bouquinistes des quais de l'Yser, aucun exemplaire de la rarissime *Anthinea !*

J'écris ce titre : Maurras voyageur ! sans avoir sous la main aucun des livres qui, racontant les allées et venues de Maurras sur la mer des Sirènes, ont confronté ses idées aux lieux illustres de la terre où elles ont leur origine et leur piédestal. Je ne possède pas plus le détail de son périple que de celui de Pythéas. Comme de tant de grands ouvrages l'impression seule me reste, l'atmosphère, la couleur dont ils teignent le monde, et quelques traits de feu.

Peut-être, au lieu de commenter des voyages réels, siérait-il de prendre le biais d'écrire, non une vie mais un voyage imaginaire et de se demander quelles réflexions, quelles images, quelles leçons le politique et le poète, foulant les routes et les flots, extrairait vraisemblablement pour nous du spectacle des êtres et des choses qu'il a, du seul effort de sa pensée, si prodigieusement enrichi.

Si vous saviez sans plus que l'auteur du *Chemin de Paradis* dut en franchir les haies parfumées pour courir le vaste monde, vous ne seriez certes en peine de prévoir ni la direction de ses pas, ni la saveur des propos du retour, ni le miel de sagesse que de tant de hautes floraisons butinées il rapporterait au logis.

Comment supposer qu'il errât au hasard des jardins et des déserts, si le premier de ses principes d'art, de politique, de vie n'est autre que la nécessité du Choix ?

Que j'aimerais retrouver ici, à défaut des livres fameux, un fragment de lettre que je vois encore usé, jauni, écrit en des temps fort anciens, et qui, envoyé du bourdonnant atelier parisien à l'ami resté au pays provençal, opposait déjà, en pleine cuvée pourtant d'adolescence, à toute curiosité trop également éprise de l'or de Virgile et du clinquant du Tasse, le devoir de conclure ; de circonscrire, pour donner l'effort utile, le point où le porter ; et, pour construire, d'éliminer et de limiter ! Si la faculté du Choix s'exerce, ce n'est pas au profit du délicieux et du brillant, mais de l'exquis, du parfait, du meilleur. Il est de sa nature de tendre à l'absolu. Artiste et philosophe politique, au milieu du tourbillonnant courant de l'existence, ce n'est pas à peindre voluptueusement et à observer passivement le flux et le reflux des phénomènes que se dévoue Charles Maurras. Mais, de la race de ceux qui ont pétri, modelé et, hors des maux primitifs, essayé de conduire les cités et les peuples à une civilisation supérieure, c'est à la fois à la racine et à la fleur des choses qu'il s'intéresse et se passionne :

Il lui faut l'élite et la somme...

Notre voyageur sera-t-il autre que le philosophe ? Courra-t-il, à tous les souffles du désir, sur les traces d'Atlantides disparues ou de nébuleuses en formation, à la poursuite de paysages exotiques et de sensations inexplorées ? Non, mais là où la réussite de l'habitant de la terre a été la plus complète contre la vie et la matière hostiles, il requerra de l'étude du passé les moyens de maintenir et de développer les sèves de l'avenir.

Et, de fait, il n'y a de Maurras qu'un seul voyage : celui d'Athènes. Le reste n'est qu'escales. A Londres, ce sont les débris sacrés, les sublimes formes exilées de l'Attique qu'il va vénérer. Victor Hugo aimait à suivre dans les deux sens, du haut de l'impériale des antiques omnibus, le fleuve des boulevards. Qui peindra Charles Maurras, au-dessus du flot des passants londoniens pareil à celui de la Tamise, allant vers les Déesses dépouillées de leur robe de lumière au fond des salles de brouillards ? Ainsi et du même culte honore-t-il les époques, les races privilégiées, modèles des autres, quelques heures glorieuses et distinctes qui s'élèvent en dansant du passé confus et sanglant de l'humanité. Florence, seconde grande étape, l'attache surtout par comparaison avec la première. Et dans la petite colonie grecque de l'île Corse, c'est encore du sang bleu athénien qu'il va étudier les ultimes gouttes et mesurer les pulsations.

Quel goût aura le fruit cueilli par un tel poète aux rives lointaines, sinon le même que de ceux longuement mûris au soleil de Berre ou de l'Ile-de-France ? La chaleur intérieure dont s'en forment les sucs l'emporte trop sur les rayons du dehors pour en être modifiée. Des reflets de la mer céruléenne, de tant de voix roulées dans les échos où suivit son navire le navire d'Ulysse, j'attends cette même émotion que dégagent toutes ses œuvres du terroir, d'autant plus forte d'être mieux contenue.

Maurras est un artiste unique en ceci qu'aucun des prestiges romantiques n'est inconnu, ni étranger à son génie classique qui les a si énergiquement combattus et dispersés. L'émotion moderne, amplifiée des modulations de nos poètes, des lumières aiguës de notre douloureuse expérience, frémit au diamant de sa prose comme au cristal des plus grands lyriques. Les critiques de leurs débordements étaient souvent de secs personnages aussi dépourvus de sensibilité que de talent. Ils avaient trop mauvaise grâce à flétrir ce dont ils étaient bien dépourvus. Maurras condamne des excès qu'il ne serait pas dans l'impuissance de commettre. Il règle des dons qu'il possède. Le fleuve qu'il ramène à ses rives lui appartient en propre par toute la vertu de ses eaux dont il n'inonde pas, mais dont il fertilise et embellit les domaines de sa pensée. Remarques qui s'appliquent à ses voyages comme à ses autres poèmes. C'est toujours la même essence d'esprit que l'on y retrouve et faite de la même matière, si j'ose dire, de rayons venus du fond de l'éther pour étinceler sur la conque des vagues ou contre les rochers du Taygète.

Comme il élit les lieux qui veulent que l'on

s'éloigne de Paris ou du Martigue, ainsi, des mille formes qui battent sa proue entre les criques argentées des Cyclades, ce qu'il extrait, ce sont les lignes éternelles où reposent ces industries, ces arts, merveille de l'ingéniosité humaine, triomphe fragile au milieu de tant de risques de néant, bulle ensoleillée sur les abîmes du chaos. L'objet de son attention n'est pas le pittoresque, mais la beauté ; non le folk-lore, mais le chef-d'œuvre. Non les tâtonnements et les balbutiements des origines ou les troubles plaisirs de la décomposition, mais bien Minerve armée, pensive et belle dans sa victorieuse perfection. Sur les chemins où Théophile Gautier ramassait comme un simple écran tout ce qui frappait sa pupille, où Chateaubriand et Lamartine s'efforçaient de capter le murmure de la vague et le soupir du vent dans les sept cordes des mots, c'est sans doute à voir et à sentir, mais surtout à ordonner et gouverner les sensations, à démêler les causes et les moyens, les éléments de la beauté et de la joie, afin de les perpétuer, c'est aux idées, d'où tout découle, que s'attache le nouveau (si nouveau !) voyageur.

D'une sensibilité autrement fine et forte que les tapageurs dont les instincts débridés le feraient, du vulgaire épris de voluptés grossières, taxer de sécheresse, il couronne les siennes et les nôtres par le plaisir de comprendre ce qu'il éprouve et ce qu'il contemple, et de le gouverner.

Debout à la proue de son vaisseau ou escaladant les rampes de l'Hymette ou face à face avec le Palais-Vieux ou le Pitti, nous retrouvons toujours en lui ce goût de la pensée et de l'action ou plutôt de la pensée en action, qu'il a défini dans une page célèbre : « *Rarement les idées m'apparaissent plus belles qu'en ce gracieux état naissant à la minute où elles se dégagent des choses, quand leurs membres subtils écartent ou soulèvent un voile d'écorce ou d'écaille, et, dryade ou naïade, se laissent voir dans la vérité de leur mouvement..... La généralité n'est pas encore séparée des objets ou des faits qui l'engendrent et l'éclaircissent, les éléments qui l'ont créée lui prodiguent vie et lumière, commentaire et explication..... Notre faiblesse humaine souffre du feu supérieur qui l'éblouit mais qui l'égare. L'esprit est plus sensible à la douce lumière d'une raison demi mêlée aux réalités naturelles qu'elle fait resplendir en les traversant.* »

Ce trait si accusé de son génie et de sa vie rend Charles Maurras presque sans pareil dans l'histoire des hommes. Les orateurs, les capitaines, meneurs de peuples, ont été presque toujours des hommes d'action à qui de beaux dons intellectuels servaient de levier. Je ne vois pas d'autre poète ou philosophe dont penser fut la fonction essentielle et qui rien qu'en l'exerçant, en l'appliquant à la réalité quotidienne, ait de cette réalité si puissamment modifié le cours.

Ce n'est pas l'instant de développer ce point de vue, mais d'indiquer seulement que le même souci d'organisation universelle qui fut la préoccupation constante de Maurras ne l'a pas quitté tandis qu'il portait de Paris à Athènes, d'Athènes à Paris « le visage d'un homme heureux ». Universelle, dis-je, et je dois le dire, si c'est là un des aspects souvent laissés dans l'ombre et des plus importants de la pensée de Maurras. Monarchique, nationale, régionaliste, fondée sur la liberté républicaine des communes et des provinces, elle enveloppe d'une attention autrement vigilante que les chefs socialistes les intérêts de la planète entière, et d'espaces plus vastes encore. Courant les flots, grimpant aux monts, on la voit avec une vigueur rafraîchie embrasser les étendues d'un clair et profond regard.

Maurice Barrès, entre les marbres du Pentélique, rêve à quelque vierge enluminée d'une chapelle de Lorraine. Louis Bertrand, le peintre admirable de l'Afrique renaissante et pullulante, compte une à une les écailles de la vieille terre pelée qui se desquame au soleil. Mais Charles Maurras, dans l'incorruptible lumière, rencontre les Immortelles et ne se soucie que d'elles seules. Tout ce qui s'écarte de leurs formes pures, même sur l'aile penchante de beaux rythmes, dans l'enroulement de voluptueuses brumes, est décadence, et la *Prière sur l'Acropole* est un soupir d'agonie, un cri de mort. Maurras ne s'abandonne pas. Il veut maintenir, continuer. Il tient ferme au sanctuaire et à la citadelle, non aux nuages dont les volutes les enserrent. De la dure pierre sort l'huile fine, car le roc porte l'olivier.

Athènes, Florence, la Corse, Londres sont les principales stations des voyages de Maurras. Si j'avais sous les yeux les textes, j'essaierais de souligner de quelles pierres ont jailli quelles pensées, et de quelle sorte il a redoré en les méditant les horizons qui passaient sous ses yeux. En Corse, ce sont des gouttes, à Londres des parcelles d'Athènes sur qui se penche sa piété. A Florence, c'est la sœur assombrie, malgré les fulgurances du Lys, de la claire cité de Pallas qui l'attire ; le psychologue, le juge des *Amants de Venise* visite le Musée Secret qui ne l'est pas davantage que le cœur humain. Florence l'enchante encore par sa personnalité tranchée et retranchée, par cet éclat de miroir ou de bouclier bien fait « pour y contempler le visage d'un ami ou d'un ennemi ».

Le point culminant de ces pérégrinations sur le pourtour méditerranéen, c'est sans doute la cime apollonienne où Charles Maurras s'éleva un jour de l'avril de 1896. Des étages de l'Hymette il avait d'un côté sous les yeux, dans la lumière fine et distincte, les contours de l'Acropole. Et de l'autre les plus artificieux démons développaient à perte de vue, aux profondeurs fuyantes de l'horizon illimité, les prestiges de l'Orient, tous les encens, tous les mirages de l'Asie. L'empire des nuées, mais des nuées d'or ! Avant d'y échapper, comme il nous les peint ! Mieux que nul de ceux qu'elles entraînèrent et perdirent dans leurs plis voluptueux, comme il nous enivre de magiques vapeurs ! Puis il se ressaisit, et nous avec lui. Il reste maître de soi et de l'univers. Le grand choix est fait, — ou confirmé ! Il redescend vers les parties du globe soumises, aménagées, éclaircies, ciselées, roi des éléments et non l'un d'eux roulé dans leur tourbillon.

Mais je me trompe. Plus haute que la fine aiguille du Lycabète, et que l'Hymette et le Pentélique, est la rampe du *Chemin du Paradis* où la jeunesse de Charles Maurras, célébrée par Anatole France, s'accoude sur l'étang de Berre en face du mont de la Victoire pour préluder aux vérités par les mythes et pressentir ce que lui diront plus tard les paysages et les peuples et ce qu'il leur répondra en formules d'impérissables lois. A l'une des pierres de l'étroit chemin s'attache la barque d'où Maurras, aux jours chantés par le poète, « traçait l'enceinte » sur l'eau transparente de l'étang. Non loin se dresse plus indestructible que son granit le cap incomparable (croyait-il si bien dire?) où la plus musicale des phrases françaises a « classé être par être la noblesse de l'univers ».

Le plus beau des voyages de Maurras, encore qu'il lui ait été donné d'aller sur terre mieux qu'à Corinthe, c'est le voyage au ciel des idées. Et le plus beau des nôtres, à nous hommes de sa génération, sera toujours d'avoir fait avec un tel compagnon, un tel guide, un tel maître, un tel ami, à travers les idylles de jadis et la tourmente d'à présent, la traversée de la vie.

Les points qu'il a touchés dans sa course rapide à travers les terres et les mers de la poésie et de l'histoire restent marqués de son empreinte. De la coupe de la mer écumant aux rais du soleil, du trépied de la Pythie, du séjour des dieux il tire une ivresse encore inconnue, saine, lucide, ferme, féconde, le lyrisme de la raison. Et les lieux qu'il a parcourus revêtent cette beauté nouvelle que prennent la nature et l'amour quand les frappent à la fois la lumière et l'intelligence.

ARGENS.

LE POÈTE

Toute sagesse est dans le rythme, toute vérité dans le vers. C'eût donc été un vivant scandale que le plus sage et le plus vérace des hommes d'aujourd'hui ne parlât point parfois dans la langue des dieux. Charles Maurras est poète. Dans cette tête si bien faite où l'univers constamment s'organise selon les lois de la plus émouvante gradation, le vers, au sommet de la pensée, le vers chaque jour prend son vol, le vers chante dans l'antique éther d'où descendent les traditions.

Son écrasant labeur achevé, quand l'aube de la Seine se lève, le nocturne lutteur quitte l'imprimerie déserte, affamé de jour et d'espace, il s'en va, par les rues de Paris, seul aux yeux du passant attardé, mais dans la compagnie de ses divines Sœurs. Il murmure des vers. Selon les préoccupations de l'heure, exaltant les soucis de la veille, les strophes naissent et donnent leur plénitude aux vastes tendresses de ce cœur, le plus humain des cœurs. Les vérités subtiles qui pour vivre ont besoin du beau sang d'un poème s'inscrivent dans les syllabes dorées, et c'est de là, de ce code inflexible et cadencé, de ces sources mystérieuses que coulent le lendemain les abondantes fontaines, les activités démonstratives, les clartés décisives de la prose de Maurras.

Ces vers, que les Muses connaissent seules, nous n'en avons que les échos dans ces articles et ces sublimes livres où le grand prosateur reforge l'esprit français. Quelques amis pourtant, au nombre desquels il me range, ont pu recueillir sur sa bouche quelques-uns de ces féconds et magiques soupirs. Nous pouvons porter témoignage. J'en sais peu, dans la poésie française, d'une mélancolie plus sereine, d'un charme plus brûlant. C'est de la vérité passionnée, du désir pur, les lois intimes de la douleur, le chant sacré d'un crâne céleste quand y ont frémi les ailes brusques d'une immense victoire, d'une décisive pensée. C'est ce moment qui fixe, dans la cadence surprise, l'univers en train de changer. Il y a des certitudes fuyantes qui dansent autour de la certitude de l'homme, et Maurras a d'elles un goût si vif et pénétrant qu'il les atteint incarnées dans la chair des beaux mots et les hiérarchise, charmées dans les spirituelles voluptés de leur impalpable attitude. C'est leur musique qu'il entend... Écoutez-le avouer à sa Psyché

> Chère Psyché, vos yeux qui tremblent,
> Vos yeux de fleurs ont peur du vent,
> Peur et délices tout ensemble.....

ou bien décréter

> Le désir est spirituel.....

Cette poésie du plus réaliste des penseurs est d'une sensibilité exquise. Sa lucide extase enivre sans troubler. Son pathétique est souriant. Elle a, dans la pureté de ses mots, la tendresse brillante des marbres de Naples. Elle atteint le cœur à travers l'esprit, et par un mystère de grâce, dans un lieu plus secret de nousmêmes, elle baise tout le sang, par delà le cœur et l'esprit elle atteint la gloire du corps. Elle est intime. Elle est païenne. Elle est provençale. Elle est vraie.

Elle est dorée. Je ne songe pas au poème gnomique de *Théoclea*, brûlé sans doute. Mais, dans les grands fragments que je connais de l'ode sur la victoire de la Marne, le lyrisme roman de Maurras s'éploie et se concentre, ordonne, civilise. Il châtie. Il proclame. Un souffle enthousiaste soulève les mots; un rythme inflexible les juxtapose, au-dessus du combat, au système du ciel. Ces beaux vers robustes, patriotes et musclés, quand on dégrafe leur cuirasse, on les voit tout palpitants de cette imagination amoureuse qui défaille devant la majesté des Principes, du frisson de cette connaissance qui fait ceux qui meurent pareils aux Immortels. Leur expression est pleine. Ils ont ici, dans l'épique, comme ailleurs dans l'effusion et les mélancolies de l'amour, la divine familiarité de certaines strophes des *Iles d'Or*.

La première fois que j'entendis Maurras réciter des vers, il avait vingt ans. Beau comme Apollon, sous sa flottante chevelure, avec ses yeux dominateurs, il m'apparut dans l'ombre aiguë d'un olivier de notre pays, entre deux cyprès, devant son étang. J'eus l'impression que la lumière chantait. J'ai vu peindre Cézanne, sculpter Rodin, j'ai vu Saint-Saëns à l'orgue et Magallon à la tribune. Mais cette minute radieuse de ma jeunesse est au-dessus de ma mémoire comme mes poèmes au-dessus de ma vie. La poésie me fut révélée ce jour-là.

Dans tout vers qui élève en moi son murmure, il y a un écho de cette voix du soleil sur les lèvres en fleurs de Maurras. Il est l'initiateur... Ah! combien sommes-nous qui écoutons ainsi, dans sa vérité, ce puissant maître orphique, combien sont-ils, les jeunes cœurs français, les cerveaux qu'il a éveillés à la vie conquérante de l'esprit!

Le germanique et faux César

n'a pu et ne pourra, sous ses canons, éteindre cette voix. Les vers secrets que murmure chaque matin Maurras, le long du Louvre renaissant, sont, dans un crâne humain, le chant de la Civilisation.

JOACHIM GASQUET.

A

grou
j'étai
Fréd
gue
— d
Maur
Ce
Paris
où se
ta
XV
sia
me
de
en

CHARLES MAURRAS
ET L'AMITIÉ

Au plus loin de mes souvenirs parisiens, vers 1894, je me retrouve parmi le petit groupe méridional de jeunesse ardente, dont j'étais le secrétaire général, que présidait Frédéric Amouretti et que dominait la fougue séduisante, le caractère combatif et — déjà — l'autorité doctrinaire de Charles Maurras.

C'était un essaim de ce vieux Félibrige de Paris qui tenait ses assises au Café Voltaire et où se réunissaient, sous la houlette tremblotante du désuet Sextius Michel, maire du XVe arrondissement, des gens que nous considérions (sauf exceptions, par exemple Maurice Faure et Paul Arène) comme attardés dans des conceptions ingénument conventionnelles, enfermés, loin de toute idée sociologique, dans des formules qui excluaient tout ce qui n'était pas tutu-panpan, Tarasque, fades cours d'amour de Sceaux, et seulement accessibles aux manifestations extérieures des principes dont nous voulions préparer l'avènement politique et social. Allant jusqu'aux extrêmes conséquences de l'enseignement mistralien, nous nous efforçâmes de créer, avant même la *Cocarde* de Maurice Barrès, un mouvement fédéraliste. Il y avait, parmi nous, des originaires de toutes les provinces d'oc et des représentants de tous les partis, des royalistes, des modérés, des radicaux, des socialistes et même des anarchistes comme le pauvre Henri Dagan. Nous menâmes, unis dans la même conviction et la même foi, une lutte quotidienne qui, j'en atteste les contemporains, fit quelque bruit et permettait d'envisager l'approche des premiers résultats, quand survint l'Affaire fâcheuse qui porta, dans notre groupement, ce trouble profond qui fit tant de ravages dans presque la plupart des familles françaises.

Or, — quelle preuve plus manifeste donner du culte que Charles Maurras a voué à l'amitié? — l'affaire Dreyfus emporta bien le jeune écrivain dans son tourbillon diabolique, mais elle ne parvint à le détacher d'aucun de ses amis, dont quelques-uns cependant se montrèrent, au premier rang et acharnés, sur la barricade adverse.

En veut-on un signe émouvant?

Le premier livre de Maurras, le *Chemin de Paradis*, s'ouvre sur l'admirable poème d'Anatole France où l'on sent si bien chez le maître la fierté et la joie qu'il éprouve à saisir l'occasion d'exprimer son sentiment sur le disciple préféré.

Longtemps après, Charles Maurras, devenu le leader célèbre de l'*Action Française* et le docteur de la foi royaliste, fut amené, par le hasard des polémiqnes, à avoir un différend avec un individu qui depuis..., mais qui alors était encore obscur, Jacques Landau. Landau déversait des baquets d'injures sur Maurras, chroniquement et impunément, jusqu'au jour où il s'avisa d'avancer que l'écrivain royaliste avait dit du mal d'Anatole France. Et Maurras, qui avait supporté sans broncher les pires insultes, n'hésita pas une minute : immédiatement il envoya ses témoins à Landau. En vain ses amis le prièrent de réfléchir, lui firent envisager la portée de son acte, lui représentèrent qu'il n'avait pas le droit, lui, journaliste éminent et probe, de réhabiliter ainsi un forban de presse, avec lequel personne n'eût consenti à croiser le fer; rien n'y fit.

— Que je ne fasse pas rentrer la calomnie dans la gorge de ce misérable? répétait Maurras. Vous n'y songez pas, si par malheur France s'imaginait qu'il a dit v.rai!

Il ne sortait pas de là. C'était son seul argument, mais il suffit à fixer sa décision et, grâce à lui, par une chance imprévue et parfaitement imméritée, Landau connut une première fois la notoriété...

*
* *

Le plus grand ami de Maurras fut certainement Frédéric Amouretti. C'est à lui que le le *Chemin de Paradis* est dédié. « Donnons un signe, écrit Maurras dans la préface, de la vive amitié qui nous lie depuis trois années. » Cette amitié, une des plus touchantes qui se soient vues dans les lettres, dura jusqu'à la mort d'Amouretti. On peut même soutenir qu'elle survécut à cette mort prématurée et qu'elle ne s'éteindra qu'avec Maurras.

La dire fraternelle semble bien insuffisant à quelqu'un qui en fut le témoin. Le sang seul ne saurait tisser ces liens que trament de concert le cœur et le cerveau. Les deux amis étaient pourtant aussi dissemblables que possible, physiquement et intellectuellement; leur méthode de travail ne se ressemblait point, pas plus que leur vie, leurs habitudes et leurs goûts. Entre ces deux esprits, il y avait des contacts plus profonds, des similitudes plus hautes et au lieu de se contredire, ils se complétaient harmonieusement. Frédéric Amouretti fut le bréviaire de Charles Maurras. Celui-ci ne cessait de feuilleter celui-là, dont le savoir était si étendu que la plus longue pratique, le commerce le plus assidu n'arrivait pas à en faire le tour. Et quelle inépuisable bonté!

Cette bonté qui, il faut bien l'avouer, se dépensait quelquefois à l'aveuglette, amena les seules discussions qui furent entre les deux amis. Maurras, à cause même de sa religion de l'amitié, ne l'a jamais prodiguée. Il a eu beau connaître des foules, être recherché et admiré dans toutes sortes de milieux, il a toujours soigneusement réfléchi avant de se donner. Amouretti ne se donnait peut-être pas davantage, mais il n'avait pas l'énergie de se refuser nettement. La douceur de son caractère, sa pitié pour les faibles, sa compassion pour les malheureux et jusqu'à je ne sais quelle condescendance innée envers les médiocres, s'y opposaient. Souvent, à la crémerie de la rue de Rennes où il prenait la plupart de ses repas — et que nous avions surnommée la crémerie de la reine Pédauque, à cause de sa clientèle bohême et bigarrée, — on le voyait assailli par des faméliques sans intérêt et sans vergogne qui usaient et abusaient de lui et vidaient sa bourse par-dessus le marché! Quand il le surprenait avec cet entourage, Maurras était furieux; il fronçait son sourcil autoritaire, prenait son air le plus hautain : d'un coup d'œil il foudroyait la bande de pique-assiettes et de grippe-sous; et le pauvre Amouretti, sentant venir l'orage et sûr de ne pouvoir l'éviter, ne savait où se mettre.

Un jour, ayant, d'un regard courroucé, mis en fuite trois ou quatre pauvres diables, Maurras se campe devant l'incorrigible Amouretti et, en dépit de l'inutilité des semonces précédentes, il le tance avec plus de vigueur que jamais. Repentant momentané, Amouretti balbutie ses torts dans l'attitude humiliée d'un pénitent qui récite son acte de contrition, tandis que Maurras s'écrie :

— Tenez, vous êtes le saint Vincent de Paul des crétins!

*
* *

Combien d'autres anecdotes me reviennent à l'esprit, que de chers souvenirs de notre vie commune qui me sont restés plus encore dans le cœur que dans la mémoire et que je ne puis transcrire dans ce court article! Sur Jean Moréas par exemple, noctambule jusqu'à sa mort, que de traits amusants il y aurait à raconter!

Mais ce qu'on ne saurait trop mettre en évidence, c'est la fidélité de Maurras à tous ses amis, quelque place, même obscure, que leur aient assignée les circonstances ou leur valeur. Il n'entre pas dans mon sujet de parler aujourd'hui d'une amie qu'il a plus aimée et qu'il aime plus que tout au monde. Cette amie, *es uno dono au chale subre-bèu*, comme il écrivit lui-même :

Jacento dóu Niçard i plano dóu Medò,

c'est la Provence, sa Provence natale, dont il est resté le chevalier fidèle et passionné. C'est pour la magnifier qu'il a trouvé, dans *Anthinea*, quelques-unes des plus belles pages de notre langue. Nous avons là, dans tout son éclat presti-

gieux, le Maurras que nous admirons, le splen-
dide prosateur qui, après Renan, après Anatole
France, écrit de nos jours le plus amoureusement le français. Je puis bien répéter ici ce
qu'il sait que je pense depuis longtemps; il
connaît notre regret, à quelques-uns, de le voir
consacrer son immense talent et ses années les
plus précieuses à la politique, une politique
que nous réprouvons. Il me traitera, une fois
de plus, d' « anarchiste »; et ce désaccord d'un
instant, pas plus que ceux qui l'ont précédé,
n'ébranlera la solidité d'une affection réciproque qui se rit, depuis un quart de siècle,
de tous les heurts de pensée et de toutes les
divergences d'opinion.

ADRIEN FRISSANT.

CHARLES MAURRAS
ET L'IDÉE RELIGIEUSE

Voici un bien grand titre et sans proportion avec les lignes que l'on va lire. Cet exposé, qui n'apprendra rien aux esprits familiarisés avec la pensée maurrasienne, ne voudrait être qu'un bref rappel de la position adoptée par le grand Français à l'égard de la religion catholique. Cette position, on va le voir, est la plus nette, la plus franche et la plus logique qui se puisse concevoir. Elle se dégage des écrits de Charles Maurras avec une si lumineuse évidence qu'aucune équivoque ne saurait être permise.

L'idée maîtresse à laquelle Charles Maurras consacre, depuis vingt-cinq ans, son intelligence et son activité est celle de la nécessité d'un ordre français. Toute sa philosophie politique et sociale tend à réaliser un équilibre français et planétaire par l'union, la collaboration et la hiérarchisation des forces positives et des groupements naturels. Toute sa souple et vigoureuse dialectique ne cherche qu'à réparer les brèches que le pic des barbares ne cesse d'ouvrir aux remparts vénérables de la Cité. Un patriotisme lucide qui met à profit toutes les leçons de l'histoire, une observation aiguë des événements contemporains, éclairent et dirigent cette haute campagne de salut public.

La question étant ainsi posée sur le terrain du patriotisme français, on lira sans étonnement la belle page dans laquelle Charles Maurras expose, quoique incroyant, « le bienfait du Catholicisme » :

« Mes idées sociales et politiques tendaient à la défense du Foyer, du Métier, de la Cité, de toutes les institutions qui composent un ordre et soutiennent la société et la France. Croyant ou non croyant, comment méconnaître que cette France était la fille de ses évêques et de ses moines ? Quand tout en serait oublié, leur nom demeurerait inscrit sur une terre qu'ils ont modelée. Les appellations de la carte restent le trophée continu de la victoire et du labeur ecclésiastiques. Cette religion à laquelle nous devons l'organisation et la conservation du pays n'a pas cessé d'être le centre de la plus ferme résistance aux divers efforts d'anarchie et de révolution qui l'abaissent depuis cent ans. L'esprit civique et social retrouve dans la moelle de l'enseignement catholique toute la critique des usurpations de l'état moderne, il y retrouve encore la censure et la dérision des idées de libéralisme et d'égalitarisme politique, de nivellement international, dont l'intelligence française doit venir à bout ou périr.

« Même accord, mêmes harmonies quant aux idées de salut, qu'il s'agisse de maintenir la propriété, de continuer l'hérédité ou de sacrer l'autorité. La tradition m'apparaissant comme le plus précieux des biens, non seulement d'un Français, mais d'un homme soucieux de ne pas tourner à l'état sauvage, cette tradition éclatait non point seulement défendue ou vantée, mais incarnée dans le catholicisme, qui en faisait en quelque sorte sa mémoire et la moitié de sa pensée. Dans mon culte juvénile pour la science, il me fallait bien admirer cette organisation spirituelle unique presque toute-puissante pour le progrès universel, alors surtout que je comparais l'Église romaine — avec ses prêtres et ses moines si éveillés, actifs et prompts dans le service de la raison sacrée ou profane — à la poussière des conglomérats religieux similaires, chrétientés de l'Orient paresseusement enfoncées dans leur incurie, sectes d'Amérique ou de Russie agitées par les convulsions et les tremblements. Le point de vue humain de la civilisation générale fortifiait mon premier point de vue national et c'est non seulement de la formation des Français, mais des progrès de l'homme même qu'il fallait faire honneur à ce grand esprit religieux. » [1]

Nous n'alourdirons pas du poids d'un commentaire l'éloquent hommage du patriote français s'inclinant devant la Majesté de l'idée religieuse qui a pétri l'âme de son pays. Toute glose ne saurait qu'affaiblir le texte, en étouffant l'élan passionné de la pensée. Mais de l'idée directrice imposée par l'histoire et la raison, Charles Maurras dégage, une à une, toutes les conséquences pratiques.

Qu'il s'agisse de signaler « la seule internationale qui tienne », qu'il s'agisse de stigmatiser la singulière frénésie des pacifistes qui rêvent d'une paix universelle établie en dehors de la papauté et contre le catholicisme, qu'il s'agisse de faire toucher du doigt l'avantage national que la France aurait à être officielle-

---

1. *L'Action française et la Religion catholique*, p. 69.

ment représentée au Vatican, nous trouvons toujours la pensée maurrasienne aussi respectueuse de la religion que soucieuse des intérêts de la patrie. On trouvera dans ses admirables volumes parus depuis la guerre [1] ces idées générales confrontées sans cesse avec les grands événements qui nous enveloppent. L'expérience continue de montrer leur féconde vertu. Elles s'affinent, comme une lame, au contact de la dure réalité et, sans rien perdre de leur flamme intérieure, se concrétisent chaque jour en exemples inoubliables.

C'est encore au catholicisme que Charles Maurras a recours pour expliquer et pour vivifier cette grande force morale qu'est la civilisation latine. « Notre grand lien — affirme-t-il — tient à la parenté des langues, à leur origine commune, à l'identité d'éducation et de tradition créées et maintenues par les leçons de littérature, de philosophie, de droit, de politique, de haute morale, recueillies à l'école athénienne et romaine, puis ravivées et transformées par la culture religieuse dont le catholicisme est l'expression définie... Un monde latin moderne s'évertuant à nier le bienfait philosophique d'Aristote et de saint Thomas

1. Cf. notamment *Le Pape, la Guerre et la Paix*.

d'Aquin ou l'analyse morale d'Ignace de Loyola, ou la casuistique de ses disciples? C'est là encore un de ces animaux fabuleux qui se déchirent et se détruisent dans l'imagination avant de pouvoir y être réalisés clairement. »[1]

Mais l'Église romaine n'est pas seulement, pour Charles Maurras, la vigilante gardienne de l'ordre. Elle est plus et mieux qu'une harmonieuse et traditionnelle hiérarchie. Elle est la régulatrice naturelle de tous les élans du cœur, la sage directrice des aspirations de l'âme vers les régions supérieures. Elle contrôle et réprime les inspirations de la conscience et les dangereuses fantaisies du sentiment. Il faut lire, pour connaître toute la pensée de Maurras, la Préface du *Dilemme de Marc Sangnier.* » Le *positif* est catholique et le *négatif* ne l'est pas. »

Le grand latin doit être salué comme un maître par les jeunes générations françaises, avides d'ordre et de clarté, dégoûtées enfin du romantisme et du libéralisme qui ont trop longtemps empoisonné nos cerveaux. Il a soufflé sur les gaz asphyxiants de Rousseau, de Kant et de Tolstoï.

Bruno Durand.

---

1. *Le Pape, la Guerre et la Paix*, p. 253.

LE CRITIQUE

Les plus fortes, les plus heureuses campagnes du nationalisme intégral n'ont pu faire oublier aux anciens lecteurs de Maurras l'œuvre toute littéraire et critique de ses premières années d'écrivain. Quelques-uns, restés réfractaires à ses conclusions politiques, auraient voulu le voir toujours étranger (ou, comme ils disent, *supérieur*) aux luttes dans lesquelles se débat l'avenir du pays. Les circonstances, en apportant à cet esprit si clair et si réaliste une matière plus ample, plus vivante et, malgré tout, plus tragique, n'ont pourtant fait que développer encore ce qu'on admirait en lui : intelligence qui analyse et volonté qui persévère, vigueur du raisonnement, jugement toujours prêt, puissance de sympathie. Distinguer ces éléments, non pas opposés, mais divers, et non pour en sacrifier aucun, mais afin de

garder à chacun sa vertu, ses ressources propres, c'est la méthode constante de Maurras,
soit dans l'examen des plus vastes crises, soit
au cours des plus minces polémiques. Ce qu'il
pratique chaque jour à l'*Action Française*, avec
tant d'aisance, il en avait élaboré et suivi la
formule exacte pendant ses quelque dix années
de travaux exclusivement critiques.

« L'amour est d'autant plus grand que la
connaissance est plus certaine. » La clairvoyance
toujours gardée par Maurras, jusque dans des
mouvements d'une générosité extrême, est la
principale cause de son ascendant sur les
jeunes intelligences. Le parti pris de « distinguer pour ne pas confondre » n'en était pas
moins, à la fin du XIXe siècle, une grande nouveauté, une manière de scandale aux yeux
de qui se piquait de suivre le progrès des
temps. Après des écrivains comme Renouvier,
comme Fouillée, peu suspects de tendances
réactionnaires, Maurras a définitivement caractérisé une décadence des esprits qui les portait
à tout mêler, leur ôtant à la fois l'aptitude à
suivre une analyse et l'idée qu'elle pût bien
être utile. « Misère logique qui règne, écrivait
fortement l'auteur de *Trois idées politiques*,
dans la sphère supérieure des lettrés et des

philosophes ». Toute une élite prétendue se glorifiait de son impuissance, ne voyant pas que si la France a pu prendre et garder si long-temps, de l'aveu de tous, la tête de la civilisa-tion européenne, c'est que « cette race arrivée à la perfection du génie humanitaire avait, selon une élégante expression de M. Boutmy, réussi à substituer le « procédé logique » au « procédé intuitif » qu'elle laissait aux animaux et aux barbares » [1]. Pendant ce XIXe siècle qui, malgré ses prétentions, devra compter parmi les épo-ques les moins éclairées de l'histoire, une étrange régression intellectuelle a ouvert et maintenu le champ libre à tout charlatan, à tout esprit faux : chacun, cédant au respect superstitieux de toute nouveauté, si elle se pré-sentait au nom d'un sentiment individuel, avait perdu ou perdait bientôt le moyen de défendre le bon et le nécessaire contre l'absurde, le funeste et le détestable.

On ne peut dénombrer les maux qui, de là, sont venus sur nous. Mais si l'école de M. Berg-son est aujourd'hui la seule qui s'obstine à perpétuer le chaos où nous nous perdions, si l'analyse et le syllogisme tendent à recouvrer chez nous leurs droits, non point illimités,

1. *Trois idées politiques*, p. 10.

mais normaux et tels qu'ils s'imposent à toute pensée, à toute activité féconde, nous le devons à la critique infatigable de Maurras, à l'ordre qu'elle a su mettre entre tant d'idées et de sentiments mêlés. En ce qui concerne la politique, elle nous a montré, elle nous montre chaque jour les graves mesures qu'il sera urgent de prendre si nous voulons ne pas retomber, au risque d'en mourir, dans les erreurs que la guerre nous a fait payer si cher. En ce qui concerne l'art d'écrire, où les sanctions ne sont pas aussi directement senties de tous, elle a du moins commencé à restaurer l'idée de règles indépendantes de l'humeur qui passe ou du vent qui souffle, hors desquelles on peut bien trouver parfois de l'amusement, mais dont on ne peut s'écarter longtemps sans rencontrer laideur, barbarie, sottise. Comme il y a une vérité politique, indépendante du caprice des individus, un ensemble de conditions par elles-mêmes plus favorables au développement heureux d'une société, — de même il y a des lois auxquelles doit obéir un écrivain, même de génie, s'il entend créer une œuvre qui dure et se tienne.

Ces lois ont été méconnues ou contestées par suite de confusions tout à fait analogues à celles qui ont déterminé notre anarchie politique. Et ce sont très précisément ces confusions que Maurras a de tout temps dénoncées chez les romantiques. « Manque d'observation, arrêt du sens critique, lésion profonde de la faculté logique, c'est proprement la triple tare du romantisme »[1] — et cette tare le fait échouer jusque dans les effets extrêmes qu'il s'efforce d'obtenir. L'erreur qui caractérise le romantisme n'est pas d'avoir voulu peindre dans leur paroxysme les sentiments violents de l'amour, du désespoir ou de la terreur. Oreste ni Phèdre ne se trouvent en dehors de la plus ferme tradition classique ; ce n'est que par l'inconsistance que s'en écartent Didier ou Hernani. Quant aux impressions que les romantiques ont voulu tirer de l'étrangeté mystérieuse des formes ou des sons, de tout l'arsenal de l'angoisse et du cauchemar, ils ont « enlaidi nos arts », ils ne les ont point « augmentés » et l' « on sent plus d'épouvante vraie dans les simples de Canidie, cueillies sous la lune livide, que dans toutes les diableries où s'égaye M. Huysmans »[2].

Pourquoi cet échec du romantisme, échec de

1. *Trois idées politiques*, p. 32.
2. *Barbares et Romains*, étude écrite en 1891 et recueillie dans *l'Étang de Berre*, p. 364.

plus en plus évident à mesure que le temps
éloigne l'influence des cénacles qui l'avaient
lancé? A cause de sa psychologie par trop élé-
mentaire, à cause de l'absurdité foncière de ses
thèses morales ou sociales — absurdité sur le
détail de laquelle on n'a qu'à se reporter au
grand livre de Lasserre[1]. A cause aussi d'une
tare parallèle, qui est dans le style ou l'absence
de style des romantiques.

Nous touchons ici l'un des points que Maurras a le plus fortement établis, soit dans son
« Essai sur Chateaubriand », soit dans son
« Essai sur la Critique » de décembre 1896.
Comme Paul Bourget l'avait écrit à propos de
Baudelaire[2], « un style de décadence est celui
où l'unité du livre se décompose pour laisser la
place à l'indépendance du mot ». Le style est et
ne peut être que dans l'ordre et la convenance
des parties. C'est la forme plus ou moins éla-
borée « des échos que les choses jettent au
fond de nous ». Au degré supérieur, lorsque
interviennent le goût et la raison, « le style
exprime des rapports de dépendance et de conséquence que nulle expérience sensible n'eût
donnés; il acquiert la simplicité savante de

1. *Le Romantisme français* (Ed. du Mercure de France).
2. *Essais de psychologie contemporaine* (Plon), p. 16.

l'esprit ; alors, comme le dit Buffon avec une audace superbe, tous les rapports dont il est composé sont autant de vérités aussi utiles et peut-être plus précieuses pour l'esprit humain que celles qui peuvent faire le fond du sujet » [1]. Nous voici à l'opposé du point de vue romantique, pour lequel la seule vérité concevable est, non pas même dans « le fond du sujet », mais dans l'aspect le plus immédiat du sujet, tel qu'il apparaît aux yeux ou à la fantaisie de l'écrivain, celui-ci fût-il le plus étourdi ou le plus ignare. La rançon de cet arbitraire est dans la faiblesse, et souvent dans le ridicule d'ouvrages qui cessent d'être lus aussitôt qu'ils ont cessé de flatter les préjugés ou la mode d'un moment.

Le rôle et la dignité supérieure de la critique n'ont jamais été mieux définis que dans les pages que nous venons de rappeler. Ce rôle ne consistera pas seulement, comme l'a trop pensé le XIXe siècle, à résumer le thème d'un livre et le dessein de l'auteur, ni même à dégager (quel que soit l'intérêt historique de ces recherches) les rapports qui peuvent exister entre ce dessein et l'état d'esprit ou les mœurs d'un temps. On voudra sans doute décrire,

1. *Revue Encyclopédique Larousse*, 26 décembre 1896.

mais aussi et surtout juger; et, puisqu'il s'agit
d'œuvres littéraires et que les mots ne valent
que pour les idées qu'ils expriment, on n'ou-
bliera jamais le rapport qui unit la pensée au
style : on prononcera sur l'une et sur l'autre, on
ne craindra d'alléguer ni les exigences du goût
ni celles de la raison. Point d'ornements inu-
tiles; on évitera de se laisser tromper par
des artifices qui ne servent qu'à tout faus-
ser. Par exemple, on n'admirera pas sans
réserves ces belles pages de Chateaubriand où
« les phrases paraissent formées pour mettre
en valeur certaines syllabes d'une éclatante
volupté, volupté faite mot, volupté faite suc-
cession et agencement de sonorités ». Malgré
la « caresse toute sensuelle » que donnent « aux
papilles labiales et linguales », la « molle intu-
mescence des vagues » ou le « grand secret de
mélancolie », on se rappellera qu'avant Chateaubriand « le mot était un signe, un signe abstrait,
qui ne cessait d'être tel que par un vrai coup
de fortune; ce hasard lui-même valait ce qu'il
valait, on ne s'appliquait point à le rendre régulier ni même fréquent : c'était à la lettre un
bonheur d'expression, un accident heureux auquel on s'égayait sans trop y peser; car, s'il
venait à perdre cette qualité d'accident, on sen-

tait qu'il perdait son prix »[1] et qu'on allait du même coup sacrifier l'accessoire et l'essentiel.

Il y a sans doute loin de ces lignes pénétrantes aux simples « impressions » d'un écrivain qui nous dirait son plaisir ou son déplaisir. La même idée maîtresse conduit toute la critique de Maurras: celle de ces « rapports » dont parlait Buffon, et qui constituent le style. Le langage articulé a pour principal objet d'exprimer des idées et des sentiments, et c'est la nature des choses qui fait à l'écrivain une loi de subordonner à cet objet tout le reste, sous peine d'échouer dans les effets mêmes auxquels il aura voulu donner le plus de relief.

Une critique ainsi dirigée est assurément très fidèle à l'esprit de toute tradition classique, et par là très contraire aux habitudes prises par les lettrés du dernier siècle. Peut-être quelques amis politiques de Maurras ne l'ont-ils pas toujours suivi jusqu'au bout dans cette première réaction, toute littéraire, dont il a été l'initiateur, et qui pourtant s'accorde étroitement avec l'œuvre de restauration générale à laquelle il s'est donné. Peut-être, en revanche, sa critique est-elle particulièrement goûtée de quelques lecteurs plus sensibles à la

1. *Trois idées politiques*, page 57.

beauté des formes et des rythmes qu'aux préoccupations d'un nationalisme que cependant tout commande. Tant d'essais, publiés au hasard de l'actualité devant des lecteurs aussi différents que ceux de la *Gazette de France* et de la *Revue Encyclopédique*, — morceaux épars qu'il faudra bien réunir un jour — n'en font pas moins le meilleur et presque le seul guide à consulter si l'on veut savoir que penser de la littérature contemporaine et quelle place elle pourra tenir dans l'histoire des lettres. Nulle part, notamment, on ne trouvera des indications plus précises, plus justes, et qui satisfassent plus complètement, en ce qui concerne le rythme et les lois de toute poésie française ; on ne saura guère ce que peut être un vers de notre temps, si l'on ne se reporte par exemple à cette rubrique étonnante que Maurras avait créée, sa fameuse « clinique des poètes » ; on n'ira pas loin sans être guéri des pauvretés niaises et barbares, des froides énumérations, de toutes les mécaniques puériles qu'une vaine mode a trop longtemps recommandées sous le nom de poésie.

Faut-il noter que cette critique si ferme n'exclut aucune des images qui peuvent animer ou éclairer un développement ? Il suffit de lire une page de Maurras pour se rendre compte que peu d'écrivains sont plus à l'abri des reproches de sécheresse ou de nudité; et les lecteurs de l'*Étang de Berre* et d'*Anthinea* y admirent bien des paysages de Grèce, de Corse ou de Provence, qui sans doute ne doivent rien au langage des peintres impressionnistes, mais où les formes et les couleurs sont aussi présentes que le sentiment et l'intelligence. On peut suivre sans crainte ce maître plus nuancé que ne croient ses contradicteurs : on ne sera conduit par lui que du côté de Racine et de La Fontaine, et ce n'est pas lui qui méconnaîtra ce qu'ont pu rencontrer d'heureux les écrivains les moins purs. A peu près comme en politique, Maurras ne nous demande d'écarter que des erreurs de méthode, des causes de faiblesse, d'échec ou de lente consomption; pour les lettrés aussi, son *empirisme organisateur* a rouvert des possibilités inestimables.

Lucien Moreau.

OPINIONS

Timon de Phlionte disait de son maître Pyrrhon : « Je l'ai vu simple et sans morgue, affranchi de ces inquiétudes avouées ou secrètes, dont la vaine multitude des hommes se laisse accabler en tout lieu par l'opinion et par les lois instituées au hasard. »

Tel nous voyons chaque jour Charles Maurras; et ceux qui auront eu le privilège d'être de ses amis auront connu son cœur intrépide.

Ils auront connu encore la lumière de son esprit. Comme Cicéron le disait de Carnéade : « Jamais il ne soutint une thèse sans la faire triompher. Jamais il n'attaqua une doctrine sans la détruire. » Ainsi Maurras aura paru pour enseigner son siècle. Ainsi, de ses flèches rapides, il aura percé les nuées.

Dur aux erreurs, ce dialecticien invincible est indulgent aux hommes. A tous, son génie prête quelque chose de ses richesses. Leibnitz ne méprisait presque rien. Maurras ne méprise personne. Le plus humble s'en va, comme le plus orgueilleux, pénétré de son intelligence et de sa bonté, parce qu'il sait, chez tous, faire jaillir l'étincelle divine. Et par là, il est encore un très grand poète.

Quand j'aurai ajouté que nul moins que lui ne tient aux honneurs et aux biens de ce monde et qu'il ne place rien au-dessus des idées, on saura que nous avons parmi nous un sage de la Grèce. Un homme vulgaire s'étonnait un jour du grand nombre de livres dont tous les coins de sa chambre étaient remplis et lui conseillait d'être plus attentif aux choses dont la société fait cas. « J'ai eu, répondit Maurras, assez de peine à mettre de l'ordre dans ma pensée. Je n'ai pas eu le loisir d'en mettre dans ma maison. » Une autre fois, il fut mordu par un chien. Et comme on le pressait de se faire panser : « Il est bon, dit-il avec calme, qu'un polémiste soit un peu enragé. »

Mais il laissera bien d'autres traits et sentences qui orneront immortellement les *Vies des Philosophes* d'un nouveau Diogène Laërce.

L'OPINION

DE

MAURICE BARRÈS

JE tiens Charles Maurras pour un des premiers hommes d'État de ce temps. Ainsi
s'exprimait un des plus hauts personnages de
notre gouvernement. Et voilà dans une telle
bouche un témoignage bien significatif sur le
rôle de cet écrivain qui, parti pour détruire la
République, pourrait bien devenir un des artisans de sa reconstruction. En effet, parmi ses
adversaires même, un grand nombre d'esprits
ont été éveillés par un rayon sorti de son œuvre... Quelle poésie profonde dans la destinée
de ce jeune Charles Maurras, tel que je le revois,
il y a trente années et plus, au début d'une amitié
qui est un des plaisirs et des honneurs de ma
vie! Quoi de plus noble que cette puissante
influence qui s'est formée dans la solitude! Mais
c'est surtout avec le temps que l'on mesurera la
hauteur et l'ampleur du bel arbre, quand les
broussailles à perte de vue auront péri.

L'OPINION

DE

CAMILLE BELLAIGUE

Un maître, et peut-être aujourd'hui le maître de la pensée et de la langue françaises, tel m'apparaît, de plus en plus, Charles Maurras. « Eh quoi, » dira quelqu'un, « de cette pensée tout entière? Vous oubliez la pensée religieuse. » Mais, pour celle-là même, sinon surtout pour celle-là, nul ne peut ignorer quel respect, quelle admiration, quel amour a constamment animé Maurras. De cette triple sympathie, il a prodigué les marques éclatantes, et des lèvres augustes n'ont pas craint, je le sais, de rendre un jour à l'incroyant mais infatigable apologiste de nos croyances et de notre Église ce magnifique témoignage : « C'est un beau défenseur de la Foi. »

Avec la même puissance, avec la même beauté, gardien des principes infaillibles et des inflexibles lois, Maurras a pris — depuis combien d'années! — et tous les jours encore il sou tient la défense de notre patrie. Pour la sauver plus tôt, au dedans comme au dehors, et pour en acheter moins chèrement le salut, il eût peut-être suffi d'écouter, de comprendre et de suivre un tel conseiller. Conseiller d'État, ou de l'État, en vérité, je voudrais pour lui ce titre et ce pouvoir. « *Rerum cognoscere causas* ». Maurras a rempli le vœu du poète latin. Personne mieux que ce grand Français n'a connu les raisons, les raisons profondes, éternelles, des choses de France.

L'OPINION

DE

EDOUARD BERTH

MAURRAS ET LE SYNDICALISME

Nos contemporains sont, dit-on, assoiffés d'ordre et de discipline, et l'on ne comprendrait pas, certes, le succès des idées d'*Action Française*, si ces aspirations n'étaient pas réelles. La liberté romantique et anarchique a lassé tout le monde ; la philosophie politique de la Révolution a fait complètement faillite ; la démocratie n'apparaît plus que comme un régime de pure dissolution. Deux mouvements synchroniques et convergents, l'un à l'extrême-droite, l'autre à l'extrême-gauche, en ont commencé l'investissement et l'assaut : pour le salut du monde moderne et la grandeur de notre humanité latine, il faut que ce double assaut emporte la citadelle et aboutisse à édifier un *ordre antidémocratique*, où l'autorité et la liberté, l'État et la société civile, se balançant l'un l'autre, créeront un nouvel équilibre social et ouvriront une ère classique nouvelle.

De l'alliance fraternelle de Dionysos et d'Apollon, est sortie l'immortelle tragédie grecque ; le xvii° siècle français a vu, lui aussi, l'extraordinaire conjonction de la raison classique et de l'esprit chrétien, celui-ci ne faisant qu'ajouter à la sagesse antique ses vertus surnaturelles. De même, l'*Action Française*, qui, avec Maurras, est une incarnation nouvelle de l'esprit apollinien, par sa collusion avec le syndicalisme qui, avec Sorel, représente l'esprit dionysien, va pouvoir enfanter un nouveau *grand siècle*, une de ces *réussites historiques* qui, après elles, laissent le monde longtemps ébloui et comme fasciné.

Il faudrait l'intelligence même de Maurras, si souple, si embrassante et si vigoureuse pour dessiner une image même réduite de tous les aspects de son œuvre, à la fois si superbement française et si intimement provençale.

Ce qui m'a toujours frappé en lui, inspiré autant de respect que d'admiration, c'est sa sagesse, une sagesse précoce et, en quelque sorte, congénitale. Maurras est né sage. Autrefois, il y a vingt-cinq ou trente ans, dans les milieux littéraires généralement anarchistes et outranciers, son sens exquis de la mesure détonnait et étonnait comme une paradoxale originalité. Il apparaissait comme un des types les plus réalistes et les plus charmants de l'esprit classique, — comme un vrai fils de Minerve.

De ce sens de la mesure, de cette modération foncière procède l'épicuréisme de Maurras, épicuréisme à la Sainte-Beuve, qui le ferait glisser peut-être assez facilement au dilettantisme, si le besoin d'une règle, voire d'une contrainte un peu dure ne s'imposait impérieusement à sa pensée.

Et voilà l'œuvre essentielle, la grande œuvre de Maurras : en un temps de complète anarchie, de décomposition politique, intellectuelle et morale, ce poète, ce voluptueux, ce contemplateur a été non seulement un homme d'action, mais un véritable réformateur. Tout de suite, dès ses premiers écrits, il a montré le même souci constant de restaurer la règle des esprits, du gouvernement comme des mœurs publiques.

D'autres, avant lui, avaient pu se préoccuper de restaurer la règle littéraire : la supériorité de Maurras a consisté à faire voir que tout se tient, qu'il n'y a pas plus de bonne littérature que de bonne politique sans une juste règle des esprits. Et cette règle n'a rien à voir avec l'idéalisme creux de certains pseudo-classiques, — avec ce faux classicisme attaqué par Taine, — c'est tout simplement, comme chez les historiens les plus raisonnables et les plus pratiques de l'antiquité gréco-latine, un Thucydide, un Tite-Live, l'adaptation aux réalités d'une intelligence très subtile et très avertie. Chez cet homme de cabinet, qui n'est guère sorti de Paris que pour aller revoir de loin en loin sa petite ville natale, nul excès de doctrinarisme, malgré l'apparente rigueur idéologique de sa pensée. Entre deux hommes politiques, que peut-être il n'a jamais vus, qui sont à cent lieues de sa doctrine, on peut être sûr que Maurras saura toujours discerner le meilleur ou le moins nuisible.

De même, lorsqu'il s'agit de l'étranger, ce solitaire et ce taciturne ne se laisse entraîner par aucun des engouements inconsidérés de nos gouvernants. Il est trop classique pour cela. Il sait trop bien à quels mobiles obéit l'homme en général et que les humanités qui nous entourent, les unes à demi barbares, les autres à peine sorties de la barbarie, représentent des étiages bien différents de civilisation.

Imposer cette conception neuve, ou renouvelée, de la politique, de la littérature et des mœurs publiques, à une époque où le romantisme s'exaspérait en ses extrêmes convulsions, — et cela quand on n'est qu'un homme de lettres, quand on n'a que sa plume, son talent et son génie, c'est pourtant ce que Maurras a réussi à faire après une lutte obstinée qui dure depuis bientôt trente ans : je ne connais pas de plus beau ni de plus pur triomphe de l'esprit.

CHARLES Maurras représente parmi nous, à l'heure présente, avec un prestige qui va grandissant, une méthode, celle de la science expérimentale appliquée à la politique. Cette méthode consiste essentiellement à étudier chaque groupe de phénomènes avec des procédés appropriés, la biologie en biologiste, la physique en physicien, la chimie en chimiste et la sociologie en sociologue. Le sous-titre d'un des ouvrages de Maurras : l'*Empirisme organisateur*, définit très heureusement une attitude intellectuelle qui fut, d'instinct, celle des ouvriers de la grandeur française. Leur besogne a consisté surtout à codifier la coutume, c'est-à-dire l'humble et quotidienne expérience. C'est le système le plus contraire à celui des révolutionnaires qui prétendaient *déduire* la société d'un certain nombre de principes reconnus vrais par la raison.

Si jamais l'Intelligence française, enfin guérie d'erreurs, maintenant séculaires, hélas! reprend le sens de ses traditions, peu d'écrivains y auront contribué plus que Maurras et je compte que ma vie d'étudiant ès sciences sociales — je n'ose dire docteur comme Balzac — aura connu trois bonheurs, je veux parler des trois amitiés les plus intellectuelles que j'ai eues, parmi mes aînés avec Taine, — parmi mes cadets immédiats, presque mes contemporains, avec Barrès, — avec Maurras parmi les nouveaux venus. Qu'elle est belle, la phrase de Salluste : *Idem velle, idem nolle, ea demum amicitia est!*

JE pense que beaucoup de républicains s'accorderont avec moi pour remercier Charles Maurras des services qu'il nous a rendus. Il est toujours plus agréable d'avoir pour adversaire un homme de talent (rappelons-nous ce qu'était l'opposition conservatrice vers 1895); mais, de surcroît, un adversaire tel que lui est éminemment utile. Maurras nous a contraints à une revision de notre système politique; il a dissipé bien des « nuées »; il a repris de très fortes critiques auxquelles nous n'étions pas sensibles, parce qu'elles venaient de républicains; il a popularisé les idées de Comte, de Proudhon, de Leverdays, de Louis Xavier de Ricard. Si, comme nous l'espérons, notre démocratie s'organise après la guerre (c'est, je crois, ce qu'il nomme la quadrature du cercle), si le mouvement corporatif et le mouvement régionaliste, qui tendent à un ordre, aboutissent,

Maurras aura été pour beaucoup dans ce résultat.

Je ne suis pas assuré, au surplus, que cet éloge lui plaise : mais il est sincère et il a son prix. « Quel dommage », me disait, hier, un jeune syndicaliste, « que Maurras ne soit pas de gauche! » (Voilà une expression bien fâcheuse, d'ailleurs). Mais qui nous dit que, « à gauche », il eût exercé une action aussi efficace? On était fort capable de l'élire député; en tout cas, il aurait atténué la partie critique de son système, où il apporte une véhémence qui a sa valeur.

S'il ne nous avait rendu les services dont je lui sais gré, je ne me tiendrais pas de regretter que la politique nous ait enlevé un de nos meilleurs critiques littéraires, un bon écrivain, un Provençal qui savait les beautés du Martigue : (disons : « du Martigue », par « zèle de félibre intransigeant », comme Maurras fut tenté de le faire). A qui nous demande ce que nous entendons par « régionalisme » en matière de littérature, l'exemple de Maurras fournit une réponse précieuse. Toutes ses qualités sont de race. On voit là, tout à plein, comment le génie du bien forme un esprit et anime sa dialectique. Et, s'il avait des défauts, ces défauts seraient encore ceux de son pays aimé des dieux.

Je signerais sans hésiter la déclaration des jeunes félibres fédéralistes que Frédéric Amouretti lut, en son nom, au nom de Maurras et d'Auguste Marin, devant Félix Gras, il y a eu vingt-six ans le 22 février. Maurras ne croyait pas, alors, qu'il fût impossible de collaborer avec des républicains dans la grande œuvre de décentralisation, il ne le croyait pas encore lorsqu'il écrivait à la *Cocarde* : il a expliqué, depuis, fort loyalement, que ses vues avaient changé. Mais il me permettra d'en rester au Maurras qui ouvrait libéralement les portes de l'Ecole parisienne du Félibrige. On n'écrira pas l'histoire du fédéralisme français sans faire sa part à ce Maurras-là.

NOTRE CHEF CHARLES MAURRAS

L'ATTRACTION qu'exerce Maurras est unique. Elle agit sur les esprits et les tempéraments les plus divers. Elle est faite de clairvoyance, d'énergie patriotique et de fermeté morale. Tout cela au plus haut point. Les autres hommes, même les meilleurs, semblent, à côté de lui, hésitants ou sans décision. Il mange en dix minutes, il dort quatre heures par nuit au maximum. Le reste du temps, il conçoit, il guide, il convainc, conquiert ou réalise. Que de fois, le surprenant à son réveil, dans les circonstances âpres et délicates qui ne nous ont pas manqué depuis dix ans — création de notre quotidien — que de fois l'ai-je vu résoudre aussitôt une difficulté qu'un autre eût déclarée insurmontable ! L'obstacle n'existe pas pour lui, ou plutôt, l'abordant de front, il en fait le point de départ d'un nouveau succès. Polémiste invincible et tel qu'aucun autre, dans l'histoire des lettres, ne saurait lui être comparé, il ne néglige rien ni personne. Il répète souvent : « Le dédain n'est pas politique. »

L'intrépidité est chez lui aussi naturelle que la lucidité d'esprit dont elle dépend. Il tient sa précieuse vie pour rien et l'exemple pour tout. Dans le danger il est le premier, dans la préséance le dernier, et les honneurs le font sourire. Nul ne tient devant lui, s'il préfère quelque chose à la France. Intraitable sur l'essentiel, il est le plus accommodant des hommes quant au secondaire, d'une bonté, d'une délicatesse et d'une générosité toujours prêtes. Il donne même de son temps au premier venu.

Ce reconstructeur de notre cité dévastée, qui tient la clé de tous les espoirs et de toutes les réviviscences est, avant tout, un poète majeur, le poète du positif, aux côtés de Dante et de Mistral. Il cherche en tout le resplendissement et l'augment, pour ses amis, pour ses lecteurs, pour son pays. Il a horreur des ténèbres, de l'inertie et de l'incomplet ou de la disparition des valeurs et des êtres.

En lui brille cette flamme politique qui fit le pouvoir réaliste de Rome et le pré carré des

Rois de France. Nous avons coutume de dire entre nous que nous avons vu de près Jules César. Sa façon de conquérir à nouveau la Gaule sur les nuées démocratiques ou la fureur révolutionnaire était la plus urgente besogne de notre temps.

Enfin, cet étonnant génie, qui appartient à l'universel en même temps qu'à la patrie et à sa Provence, est le plus attentif des amis. Plus on l'admire et plus on l'aime.

J

L'OPINION

DE

LUCIE DELARUE-MARDRUS

JE suis heureuse de rendre hommage avec vous à un grand écrivain et à un éminent penseur (sans parler d'un homme charmant, ce qui ne gâte rien). Mais pourquoi, pourquoi Charles Maurras s'occupe-t-il de politique ? La République des Lettres ne suffit-elle pas comme domaine à ce royaliste ? S'il lui faut absolument un souverain... constitutionnel, nommons-le prince des prosateurs, et n'en parlons plus.

Oɴ peut ne pas s'accorder en tout avec Charles Maurras; on ne se défend pas de l'aimer. Ce parfait écrivain est un logicien redoutable; trop logique peut-être en certains problèmes qui ne sont pas des théorèmes; mais, à travers la cuirasse de raison qu'il a revêtue, transparaît et palpite une flamme qui s'allume en de rares cœurs, et qui réchauffe. C'est par ce feu intérieur que Maurras règne sur les esprits, et par la suprématie d'un ferme caractère.

J'ai connu Maurras par Mistral. Les privilégiés qui ont vécu dans l'intimité et le culte du Maître savent ce que cela veut dire, et par quel ciment cordial le grand magicien liait les âmes.

Je ne pense pas qu'il soit convenable en ces heures tragiques, d'analyser et apprécier des doctrines politiques. J'ai dû naguère disputer avec quelques disciples de Maurras qui voulurent bien me charger de tout le péché de l'Israël félibréen... Mais où sont les polémiques d'antan ! Le Boche est venu qui a mis l'accord dans la maison : puissions-nous, victorieux, la rebâtir, plus solide et plus grande, tout d'un seul cœur comme nous la savons défendre.

Et, sur la tourbe sans nom des douteux et des traîtres, qu'il serait beau, Maurras, alors comme aujourd'hui, de maintenir un seul parti, celui des « fidèles amants » de la terre auguste !... L'ombre du cher Amouretti, trop tôt ravi à la patrie, nous y viendrait souvent visiter.

L'OPINION

DE

LOUIS DIMIER

J'AVAIS fait mon éducation principalement avec les moralistes; quand je connus Maurras je demeurai frappé de l'horizon, soudain déployé, de la politique. Un esprit dont toute la pensée était orientée aux effets, était pour moi la plus grande des nouveautés. Je n'en avais pas connu de ce genre; ceux dont j'avais lu les écrits, ou je n'y avais pas pris garde ou je les avais dédaignés. Mais un homme qui vous parle inspire, bien plus qu'un livre, le sens et la force de ses pensées. On ne peut se méprendre sur ce qu'il veut dire, ni le contredire s'il a raison.

J'admirai l'intérêt que cette manière de penser donnait aux choses. Je reconnus que dans tous les temps ç'avait été celle des meilleurs esprits. Cependant l'exemple que Maurras nous en présente, est presque unique aujourd'hui; de là vient l'approbation ravie qu'il recueille et qu'il recueillera de plus en plus.

Cette manière de penser ne s'applique pas seulement aux matières de gouvernement ; elle s'applique à tout, et même à la morale, puisque il y a un art de bien vivre et d'organiser la vertu. La loi des résultats gouverne toute notre conduite, car en tout il faut aboutir. Si le nom en est suspect, ce ne peut être qu'aux yeux d'esprits sans philosophie, qui n'entendent *résultat* qu'au sens d'*intérêt*. Mais il suffit de porter cet intérêt assez haut, d'y comprendre tout le bien de l'individu, toute la fonction des sociétés, pour que les règles qu'il impose soient au niveau des devoirs les plus élevés de l'homme, du citoyen et du chrétien.

Ceux qui ont décrié Maurras comme un politique utilitaire oubliaient que sa politique tend à l'ordre ; d'autres se sont plaints que cet ordre ne fût qu'un effet de la force : sans doute, ils n'avaient pas pris garde que l'ordre a chez lui toute sa portée, qu'il s'étend à l'intelligence comme aux corps, qu'ainsi, au premier rang des forces qui l'instituent, brille la déesse Peithô, la persuasion, comme au premier rang de ses effets le sage, le juste, le raisonnable.

L'OPINION

DE

JEANNE DE FLANDREYSY

JE ne sais pas parler de Mistral, a écrit Maurras ; ce dont je suis capable, c'est de me souvenir à voix haute de lui. » Quelle piété dans ces quelques mots, où nous retrouvons notre propre ferveur ! Ils signifient : je ne saurais disserter sur l'œuvre mistralienne à la façon d'un professeur ou d'un étranger ; elle est trop liée à mes plus chers souvenirs comme aux principes qui déterminent encore tous mes efforts. Je lui dois trop de moi-même.

Il y a, en effet, une parenté toute proche entre ces deux fils de la Terre Provençale. Maurras a loué Mistral d'avoir eu « le sublime bon sens de ne point distinguer, à l'allemande, entre les deux éléments helléno-latins. » Il mérite lui-même cet éloge. Ce fut, ce doit être encore le rôle divin de la Provence dans l'histoire de la civilisation, d'allier au culte athénien de la raison et de la beauté la religion romaine de l'ordre et de la force. Quelle sublime harmonie s'élève du chœur de nos traditions millénaires, comme cette harmonie pacifie la pensée, comme Minerve sourit entre nos oliviers !

Servir cette double hérédité helléno-latine, employer une activité ordonnée, patiente, confiante à mettre en pratique les principes dont l'histoire a éprouvé la vérité, telle a été la « Sagesse de Mistral », telle a été l'œuvre de Maurras.

Cette doctrine contient en elle-même le prix de sa rigueur ; elle donne, à qui la suit, la sérénité de la certitude. Quand Beethoven voulut célébrer la Joie, il écrivit une symphonie forte et simple dont le rythme peut aider à concevoir de quels chants intérieurs un Mistral était inspiré. Cette musique intérieure de l'œuvre mistralienne, c'est une grande espérance, c'est la vision de ce que peut être la Provence, consciente de son passé, fière de sa langue et de ses coutumes, dans une France « bienveillante au jeu des rivalités fraternelles » de ses provinces et harmonisant les qualités diverses de ses enfants dans une unité nationale plus forte que notre régime actuel de centralisation ouvert à tous les cosmopolitismes.

Après la faillite générale des utopies et des

ignorances, plus ou moins conscientes, où la France fut mise en péril par la soudaineté brutale de la guerre, il faut dire notre gratitude à la clairvoyance jamais démentie de ceux qui, hostiles à toutes les suggestions de l'étranger, réapprirent aux jeunes gens comment il faut aimer la Patrie. Nos vaillants ont entendu les voix de Mistral et de Maurras; leur sublime et patient héroïsme forge, par le fer et par le feu, la France de demain; bientôt ils achèveront leur œuvre de victoire, et alors sera vérifiée « la sagesse » des poètes, comme sera comblée leur espérance.

FERNAND GAUZY

L_E Machiavel du Risorgimento latin, tel apparaîtra Charles Maurras à nos fils. Ils ne manqueront même pas — à moins que l'hypocrisie ait évacué les écoles — d'accuser Maurras d'avoir eu de Machiavel cette immoralité dont ce fut longtemps la mode de masquer la gênante lucidité du conseiller des Médicis.

C'est la même lumière crue de Méditerranée que le réaliste toscan et le positiviste provençal auront projetée sur les sombres écueils où s'allait jeter la civilisation latine au XVIe et au XIXe siècles. C'est en lui restituant, l'un et l'autre, la maîtrise de la raison expérimentale et le maniement des idées claires qu'ils l'auront aidée à se sauver.

La bienfaisance de Maurras apparaîtra même supérieure. Machiavel n'avait à reprendre que la seule éducation psychologique et politique de ses contemporains. Ceux de Maurras, il y a vingt ans, avaient le cœur et les nerfs aussi malades que la tête ; il a rééduqué notre sensibilité, notre goût et notre jugement.

Qu'importe que l'adhésion soit difficile au syllogisme royal placé par Maurras au faîte de sa doctrine ! Le rigorisme intellectuel auquel il sacrifie la certitude de la popularité personnelle et la conquête du pouvoir ne scandalise que les sots. Il a la valeur créatrice et morale du désintéressement scientifique et de l'abnégation militaire ; il est le plus fécond parti-pris d'une méthode éducatrice qui doit tous ses succès à son intransigeance dialecticienne, à sa plénitude, à son universalité. Comme la Maïeutique socratique, elle aura accouché la raison gréco-latine ; elle l'aura délivrée du fardeau bâtard et malsain des monstruosités romantico-kantiennes.

Au lieu de reprocher à Maurras un attachement, qui n'est point aveugle, aux fidélités bourboniennes, sachons imiter dans notre activité artistique ou sociale son implacable ténacité. Sans défaillances, il nous maintient en garde contre tout ce qui est dans la demi-nuit des Nuées, contre l'opportunisme paresseux, contre l'indolence de penser et de vouloir. Il est le conseiller austère d'une génération guerrière, militante et reconstructrice.

Les attardés de l'Art pour l'Art déplorent qu'il n'ait pas réservé son génie aux « Lettres pures ». Ces gens-là à tête creuse devraient regretter aussi que nos moulins de Provence ne tournent pas à vide et se salissent à presser l'huile de nos olives ! Nous autres, fils intellectuels de Mistral, honorons notre grand concitoyen d'avoir, associant l'Art à la Politique, délivré celle-ci de la flétrissure politicienne et celui-là de la stérilité romantique.

Charles Maurras est un des plus nobles citoyens, un des plus honnêtes gens, un des meilleurs écrivains de France.

Je ne saurais payer à ses mérites un tribut plus fort que cet hommage d'un homme qui ne prodigue pas son estime.

L'OPINION

DE

DANIEL HALÉVY

Un quart de siècle a sans doute passé depuis ce jour où je lus, dans le journal *Le Soleil*, un article de Charles Maurras intitulé : *Les murs d'Antibes*. Mon admiration juvénile et ma joie furent si vives qu'elles ont traversé les années.

Je vois encore, telle que Maurras me la montra, la roche résistante aux flots et, sur la roche, l'étroite cité, grecque, romaine, provençale, française, si fortement bâtie et défendue, si bien achevée enfin, au XVIIe siècle, par l'ingénieur royal qui dessina l'enceinte dont la mer Méditerranée baigne encore les saillants. Antibes est close, Antibes est forte, Antibes est belle. Maurras recommandait Antibes comme un modèle, il la décrivait avec une ardeur et lyrique et civique, et son article était enfin un hymne à la forme parfaite, réalisée parmi les hommes, maintenue et sauvegardée à force

d'amour, de soumission et de dévouement. Par
la lecture de ces pages, j'ai compris Maurras
pour la première fois; par le ferme souvenir
que i'en ai gardé, j'ai continué de l'entendre.

Un hymne à la forme parfaite : j'ai entendu
ce chant d'abord. Il y a des hommes qui naissent prédestinés à la politique et à la polémique. Maurras est-il l'un d'eux? Je ne le pense
pas. La nature l'avait autrement destiné, elle
l'avait voulu un poète : la difficulté des temps
en a fait un lutteur. Maurras était né un émule
de Ronsard, de Racine, et ce qu'il y a de grand
en lui, la source de sa puissance, c'est l'ardeur
du poète, du contemplateur blessé.

Je me retrace, je me raconte sa vie. Je le vois
un adolescent, dans sa Provence aux grands
horizons nets ; entre ses mains, Racine, *Iphi-
génie* ou *Phèdre* ; Platon, le *Banquet* ou la
République. La *République* de Platon est une
frise sculptée sur neuf tables de marbre. Tout
un peuple y travaille et s'exerce et s'élève ; partout la force, partout l'esprit régulateur : on
monte, et quand on est au faîte on est bien près
des dieux. Maurras a toujours cru aux dieux
immortels. La *République* de Platon est le plus
durable des livres et le plus vif des pamphlets :
chacune de ces pages que nous lisons pour sa

beauté est un trait qui va toucher Athènes, la cité bientôt levantine que le métèque agite. Et Platon n'est-il pas lui-même un lyrique blessé qui brûla ses poèmes ?

Je vois Maurras à Paris, un jeune, un très jeune homme, aux environs de 1886. Que fera-t-il ? Comment donnera-il essor et satisfaction à sa vocation, qui est de créer une forme, un ordre de beauté ? « C'était un moment, a-t-il écrit, où la philosophie me semblait seule digne des regards d'un mortel. » Il dédaigne, il ignore la politique ; il compose des poèmes et ne les publie pas. Il s'essaie dans la critique d'art et le récit en prose. Anatole France, son maître, son ami, écrit pour ce premier volume une dédicace en vers :

> Tu méditais d'ingénieuses fables,
> Charles Maurras ; les dieux indigètes, les dieux
> Exilés et le dieu qu'apporta Madeleine
> T'aimaient : ils t'ont donné le roseau de Silène
> Et l'orgue tant sacré des pins mélodieux,
> Pour soutenir ta voix qui dit la beauté sainte,
> L'Harmonie, et le chœur des lois traçant l'enceinte
> Des cités, et l'Amour et sa divine sœur,
> La Mort qui l'égale en douceur.

France pensait écrire l'épigraphe d'une œuvre. Il écrivait une épitaphe, l'épitaphe du poète que Maurras ne sera pas. Ronsard, Racine : tous deux furent les poètes d'une aristocratie, d'une dynastie et d'un roi. Où sont-elles, en 1890, l'aristocratie, la cour qui recevront un Maurras et lui faisant honneur s'honoreront ? Une création poétique est une collaboration, et le premier collaborateur d'un poète, c'est le public. Maurras ne collaborera pas avec ce public mêlé qui écoute les meneurs de la presse et de la scène parisienne, avec cette théâtrocratie moderne si pareille à cette théâtrocratie ancienne dont Platon s'est détourné. La société française, telle que Maurras la rencontre, ne l'assiste pas ; elle le gêne au contraire, elle le blesse et l'irrite, et le provoque à la combattre. Elle suit des directions médiocres : il n'aime que le grand. Elle s'engoue de vagues aspirations sentimentales : il n'aime que le net. « *Le sentiment de l'infini*, écrit-il ; rien que ces sons absurdes et ces formes honteuses devraient induire à rétablir la belle notion du fini. Elle est bien la seule sensée. Quel Grec l'a dit ? La divinité est un nombre, tout nombre est terminé... *Définitions certaines*, comme chantèrent nos poètes, et *justes confins* hors desquels s'étend un obscène chaos. »

Voici déjà les accents de la guerre. Maurras s'arme. Puisque la *belle notion du fini* est partout offensée par *l'obscène chaos*, Maurras sera, non plus poète, mais polémiste. Il percera ce qu'il méprise, vengera ce qu'il aime, et, l'ayant vengé, le restaurera.

Définitions certaines, justes confins ! Il les veut, il les cherche. Son esprit ne tolère pas l'incertitude des formes. Il veut rétablir, dans sa patrie défaite, la forme des provinces : écrivain politique, il fonde le fédéralisme. Il veut rétablir, dans les Lettres troublées, la discipline des sentiments, du goût, le style : critique littéraire, il entreprend et il achève la critique de tous les romantismes. Mais quel fédéralisme est durable, quel ordre de pensées est assuré, si la société reste sous la menace d'un Etat monstrueux, abandonné aux oscillations des majorités, à l'impuissance des masses ? Il faut donc penser à l'Etat, Maurras y pense. Il participe aux agitations nationalistes de 1899, il collabore avec leurs chefs. Ces agitations sont vaincues, elles tombent.

Pourquoi ont-elles été vaincues ? Maurras le sait. Elles ont été vaincues, parce qu'elles étaient des agitations. Le nationalisme prétend affermir l'Etat contre le désordre démocratique. Mais lui-même ne s'appuie sur aucun sol ferme. Qu'oppose-t-il au suffrage universel ? L'appel au peuple. Il ne réussit pas à exclure l'imprécis, le flottant, l'informe; et il tombe. Qui chassera les démons, les exorcisera ? Le fédéralisme, considéré à part, est vain : il dérive vers l'anarchie. Le nationalisme, s'il est démocratique, est vain : il dérive vers la démagogie. Comment arrêter, terminer la dérive ? Maurras n'a pas encore trouvé la forme exacte, l'Idée, qui, telle une belle et subtile déesse, inspirera les jeunes Français et les fortifiera pour combattre l'obscène puissance du chaos.

Définitions certaines, justes confins! Maurras cherche toujours. Comment rendra-t-il l'espérance de l'ordre à cette jeunesse lassée de combats malheureux et médiocres ?

Plus il avance dans son combat, mieux il comprend la grandeur de l'enjeu. Il s'était armé d'abord, semble-t-il, pour défendre sa pensée et son goût insultés, et la noblese de sa patrie. C'est la vie même de sa patrie qu'il juge maintenant menacée. 1900 : nous sommes près des événements immenses. Maurras sait que tout désordre s'achève par la destruction, que désordre et destruction sont une seule et même chose, et que le désordre de l'Etat français, que la dérive de l'Etat français, si quelque grand remède n'intervient, aura pour conséquence et

pour terme la destruction de la France même.
L'esprit de Maurras conçoit des formes nettes,
durement terminées, et il connaît l'histoire
pleine de peuples morts. Son cœur souffre, son
esprit s'irrite, l'angoisse du citoyen s'ajoute à
l'irritation du poète. Désespère-t-il ? Je ne le
pense pas. « Tout désespoir en politique, écrit-il
en ce temps même, est une sottise absolue. » Il
s'anime et veut trouver.

Il veut rassembler les jeunes gens, les séduire
par la logique, les ravir par la beauté. Il veut
combattre, comme les héros antiques, avec des
armes éclatantes. Il veut opposer, il est nécessaire qu'il oppose aux réalités du désordre
l'image de l'ordre, et de l'ordre français.

Cette image, cet ordre, où en sont les modèles ? Presque tout Français homme de sens doit
avouer, et d'ailleurs avoue volontiers, s'il ne
s'agit que de causer, qu'ils se trouvent dans le
passé, et dans le passé monarchique. Maurras
l'écrit et se déclare un monarchiste militant.
C'est toute son invention ; il fallait l'audace et
l'autorité d'un poète pour l'oser. Le Roi ! Il prononce ce nom si familier jadis, il le répète avec
une insistance passionnée. Patriote, historien,
philosophe, il n'est clarté qu'il ne répande.
Comme Michelet en un autre temps et en un

autre sens, Maurras anime, ressuscite la France,
lui rend la gloire d'un long passé et lui propose
une espérance.

L'angoisse inspire et porte sa surprenante
entreprise, comparable à celle qu'essayèrent au
dix-neuvième siècle les Barbès et les Mazzini.
Cet homme au cœur ardent, à l'esprit dur, ose
voir et prédire la mort de son peuple. Il la montre aux Français, comme le chirurgien au malade
qui craint le fer, car il est chirurgien aussi : la
restauration ne sera parfaite, il le dit assez clairement, que par l'extirpation de l'autre France,
de celle qu'il nomme ou qu'on nomme autour
de lui, l'*Antifrance*. Sombre porche d'un avenir ! Maurras ne s'en effraye pas. Il ne craint pas
le sang, peut-être il l'aime ; et il tient les fers
prêts pour l'opération la plus rude, la plus sévère
orthopédie qu'un peuple puisse subir, une extirpation de deux siècles, une correction de l'âme.
L'opération sera dure, il le sait : *le chemin est
abrupt*. Mais il faut périr ou passer, affirme-t-il
toujours, et pour hâter les hésitants, il montre
inflexiblement la mort en bas : « Notre maxime
reconnue, comprise et obéie, écrit-il, sauverait
la France. Si les Français la méconnaissent,
la vérité n'en sera nullement altérée, mais elle
entraînera la disparition de la France. Les répu-

blicains peuvent choisir : la République ou la Patrie ? »

Ainsi Maurras excite l'angoisse et l'horreur. Il voit la mort, il oblige à la voir, c'est d'elle que lui vient sa force conquérante. Car il va, il conquiert toujours, et ceux qu'il a pressés, troublés, il ne les laisse pas affaissés dans leur trouble, il les conduit aussitôt vers une nouvelle espérance. Assurément il mesure les difficultés immenses qu'une race, déshabituée de tout loyalisme personnel et de tout hiérarchisme, oppose à une restauration véritable. Ces difficultés ne le détournent pas. Il les connaît. Il veut qu'on les connaisse. Elles sont l'un des enseignements de son apostolat, peut-être le plus grand : il propose un remède extrême, on en sentira mieux l'urgence du péril, et la rigueur du redressement que la France devra s'imposer si elle veut rentrer dans les traditions de la vie sociale. Le monarchisme de Maurras est la saisissante image des périls que nous courons, des remèdes que nous négligeons. « Votre méthode est mauvaise, lui disent des conservateurs modérés, vous n'aboutirez à rien. » Quelles victoires peuvent-ils montrer ? Ils ont été vaincus dans l'ordre des faits, humiliés dans l'ordre de de l'esprit. Voilà un risque dont Maurras est exempt : il ne sera jamais humilié dans l'ordre de l'esprit. S'il n'a sauvé que sa pensée, et celle de ceux qui l'écoutent, est-ce si peu ? La pensée est la source des joies que la défaite n'atteint pas. J'entends comme il admonestait, récemment encore, certains écrivains politiques dont il estimait trop basses les visées. Qu'ils éprouvent la qualité des doctrines, écrivait-il, « là et là seulement je leur prédis de hautes satisfactions intellectuelles. Là et là seulement, je leur annonce qu'ils auront la joie d'aboutir au moins en esprit ».

Aboutir en esprit : c'est un fier propos. Pourtant l'esprit ne peut satisfaire tout l'homme. Charles Maurras, dès aujourd'hui, a abouti autrement, mieux qu'en esprit. De quelle manière ? Je le dirai en rapportant un souvenir. Ainsi avais-je commencé, ainsi terminerai-je. Le premier souvenir était ancien ; le second est d'hier.

C'était en mai 1914, au jour où on fête Jeanne d'Arc. J'avais été attendre, sous les arcades de la rue de Rivoli, et j'aperçus bientôt la foule des manifestants qui venait. La foule : je dis mal. Ma première impression était inexacte. Ce n'était pas une foule, c'était une masse ordonnée. Les manifestants : je dis mal. Ces jeunes gens qui marchaient vers nous n'étaient pas des manifestants, ils marchaient alignés, leur suite composait un cortège, un défilé, une marche grave et guerrière. Une coiffure de laine souple, bleue, verte, rose, parait les jeunes têtes, si jeunes, merveilleusement jeunes ! Chacune des grandes écoles était représentée par son contingent de candidats, d'élèves, chacune séparée des autres par une distance, distinguée par une couleur. Ils passèrent devant moi dans une belle allure, élastique, invincible, gracieuse. Ils disparurent, les yeux levés sur la sainte guerrière. Où sont-ils aujourd'hui ? Et n'avaient-ils pas comme un pressentiment, et ne l'avions-nous pas nous-même ? — Pour moi, je considérais ce spectacle si rare dans nos rues parisiennes, cette élégance virile, cette beauté, cette noblesse, je la considérais avec émotion, reconnaissance, et un mot, un nom, un seul me venait à l'esprit et sur les lèvres même : Maurras ! Tous ces jeunes gens étaient à lui, ils auraient été fiers de le dire. C'était lui l'inspirateur de cet élan, l'ordonnateur de cette discipline, l'éducateur, le maître de ces âmes. Cette jeune France que je voyais vivante sous mes yeux, il l'avait voulue, enfantée, formée. Je lui en rapportais la gloire, c'était justice ; c'était justice de prononcer son nom : Charles Maurras !

CHARLES LE GOFFIC

J'AI déjà tenté de condenser mon opinion sur Charles Maurras dans ma « Littérature au XIXe siècle ». Or, depuis que ces lignes ont été écrites, Maurras n'a fait qu'ajouter aux raisons que nous avions de l'admirer. La place qu'il occupe dans les Lettres est grande sans doute. Elle apparaîtra plus grande encore avec le recul du temps. Tous, même ceux qui regimbent et le récusent, lui doivent quelque chose. Et si les Lettres françaises sont ce qu'elles sont aujourd'hui, si elles ont repris goût à l'ordre, à la raison, à la clarté, si elles sont redevenues humaines, c'est par la vertu de ce fils merveilleux de la divine Athènes.

Grâces lui soient éternellement rendues !

L'OPINION

DE

CAMILLE MAUCLAIR

Lors de mes débuts littéraires, vers 1892, je connus quelque peu Charles Maurras : nous écrivions parallèlement dans la *Revue Encyclopédique* et nous nous y querellions courtoisement. Je tenais pour Ibsen et pour Verhaeren, qu'il traitait de barbares, et lui pour Moréas, dont « l'Ecole Romane » ne m'enthousiasmait pas.

Plus tard je lus *Anthinea*, dont j'aimai la belle prose, et les *Amants de Venise*, qui m'agacèrent : non à cause de la façon dont Maurras en parlait, mais parce que je ne peux plus entendre parler des amours de George Sand et de Musset sans être excédé — d'autant plus que j'estime, contrairement à l'opinion des gens de lettres en général, que Musset fut aussi ignoble pour Mme Sand qu'elle fut bonne pour lui.

Je restai longtemps sans m'occuper de Charles

Maurras. Quand parut l'*Action Française*, j'y lus ses écrits doctrinaires relatifs au rétablissement de la monarchie. Je suis fermement républicain. Maurras ne me convertit pas. Mais je trouvai sa dialectique très frappante, et j'acquis de plus en plus de considération pour l'étendue de ses connaissances, la rectitude de son esprit, la clarté de son langage, la loyauté de sa polémique. Je sus d'autre part qu'il menait une vie très modeste et parfaitement pure, la vie de l'homme dévoué à une idée, indifférent à l'arrivisme et au sale argent. Je n'en ai pas rencontré beaucoup de tels, et je n'admets pour amis que des hommes de ce caractère-là. Maurras n'était pas mon ami, mais je lui gardai dès lors une sincère déférence sans qu'il s'en doutât. Il me parut — et je l'écrivis — faire revivre curieusement cet Elysée Mérant dont Alphonse Daudet a tracé un portrait si vivant dans les *Rois en exil*, comme s'il avait prévu trait pour trait le futur compagnon d'armes de son fils, à un tel point que c'est presque de la divination.

Tout ceci fit qu'un jour, une personnalité importante du parti radical, avec laquelle j'étais lié d'amitié, m'ayant demandé dédaigneusement : « Qu'est-ce que c'est au juste que ce Maurras ? », je répondis :

— « Mon cher, ce Maurras, comme vous dites, est un monsieur digne de votre attention et de votre respect : d'abord parce qu'il est infiniment propre, ce qui ne se rencontre guère en politique, ensuite parce qu'il est riche d'idées remarquablement exprimées, qui ne sont pas toujours miennes, mais qui exercent une influence honorable sur beaucoup de jeunes Français. Vous devriez le lire de très près. Je crois qu'on a toujours profit à étudier un adversaire de valeur, et celui-là en a plus à lui seul que les trois quarts des gens de votre parti, qui sont dangereusement ignorants. Ils chercheront à « embêter » cet homme-là dont les idées les gênent. Je ne dis pas qu'ils seraient plus adroits en essayant de l'acheter, car il n'est pas à vendre. Mais ils feraient mieux de l'apprécier, car, républicain ou non, il témoigne d'une culture et d'un caractère qui honorent la France. »

Ce petit discours décida mon ami à suivre Maurras, et quelque temps après il me dit que j'avais raison, qu'il y avait beaucoup à prendre là, et que Maurras était tout à fait quelqu'un. Auprès de ses doctrines purement monarchiques, qu'on peut rejeter, se place une série de critiques des fautes démocratiques qui est de premier ordre, et une série non moins belle de réflexions sur l'harmonie de l'Etat, qui témoigne d'un évident génie synthétique. Tel fut l'avis de mon radical, et c'est le mien.

Depuis le début de la guerre, je tiens Maurras pour un des écrivains qui ont fait le plus de bien et vu le plus clair. Je me suis associé de toute ma franche sympathie à la courageuse campagne de l'*Action Française*, journal qui égratigna jadis le dreyfusard que je fus. Maurras a pris à cette campagne nécessaire et salubre une part qui lui fait grand honneur. Je suis de ces républicains qui ont déploré que le triste esprit parlementaire laissât à des adversaires politiques le prestige de soutenir là une vérité que tout confirme, au lieu de les devancer dans la révélation et la punition de l'infamie, et de renoncer à faire de la République, par un faux scrupule de prestige du régime, le bouclier des gredins. Je lis Maurras sans toujours l'approuver certes : il est passionné, il est nerveux, il est partial, il est même injuste — mais c'est toujours de bonne foi, sans oubli de la dignité personnelle, avec feu et avec talent. Je trouve naturel et équitable qu'il influe, même si cette influence sert des idées que je refuse ; il ne con_ seillera jamais bassement, et dans sa peinture des tares du régime, que je déplore autant que lui, il n'a que trop raison. Voilà mes motifs de l'estimer et de l'admirer comme une belle figure française d'aujourd'hui, et je suis heureux d'avoir ici même l'occasion de les dire. Nous aurons grand besoin, demain, d'hommes de pensée et de caractère comme celui-là, dans une France réconciliée au-dessus du misérable esprit de parti.

L'OPINION

DE LA

COMTESSE DE NOAILLES

J'ÉTAIS presque encore une enfant quand j'entendis Anatole France parler de Charles Maurras avec délectation, amitié et préférence.

Il le préférait, ce qui est la pleine manière d'aimer.

Il le préférait à des écrivains plus proches de sa pensée et moins éloignés de ses convictions, parce que le soleilleux enfant des Martigues, né dans l'arome de la mer fortunée, représentait à son esprit ravi « l'homme grec », l'harmonieux et farouche chèvre-pied des coteaux pierreux, le jeune érudit attaché à ses innombrables lectures comme la cigale aux feuilles de la mélisse odorante, — et aussi le soldat résolu des antiques cités. Bien des années ont passé. Les saisons, les jours, les luttes de l'esprit n'ont pas pu affaiblir ce haut attrait réciproque.

Nous mettons sous l'invocation d'Anatole

France, qui séduit notre raison et s'accorde avec notre tendresse humaine, l'admiration que nous vouons à Charles Maurras.

Brûlant, fidèle, poignant, injuste et passionné, ce merveilleux guerrier fait combattre en lui-même les pensers, les faits, les arguments : on entend sans cesse, dans sa phrase rapide et métallique, le heurt de la lance contre le bouclier. Ses habiles victoires, radieuses ou retorses, enchantent et consternent tour à tour la déesse au clair visage, Pallas Athéné. Tantôt elle le reconnaît, ce fils attentif à ses vœux, et qui la révèle ; tantôt il l'afflige, et elle incline avec mélancolie son pur visage. Telle je la vois ce matin, ornant et illuminant ma chambre ; le front appuyé contre sa main repliée, elle médite et soupire. Comme elle est grave ! O tristesse de la Sagesse parfaite ! Son beau profil, net et sans faiblesse, est comme un mur qui sépare équitablement deux enclos.

Charles Maurras, — combien est grande, il me semble, la solitude d'un tel homme ; solitude entourée et retentissante ! Nul ne porte en son cœur un plus profond secret. Quand il choisit, comme il se prive : Quand il se borne, comme il se contraint ! La part qu'il rejette, comme elle le tenterait encore s'il n'avait assigné à son ardeur des limites, hors desquelles il veut être sans curiosité et sans amour.

Et pourtant, c'est dans l'abondance et le tumulte que les forces s'organisent ; quel ordre dans l'infini ! Turbulence et mélodie des sphères, que percevait Pythagore, vous étendez la puissance de l'intelligence sans troubler le familier et silencieux aspect de la géométrie étoilée.

Nous savons que Charles Maurras a composé des poèmes. Nous ne les connaissons pas ; nous les pressentons, nous les aimons. Nous lui demandons de nous livrer ces belles strophes, secrètes encore, filles du génie de Malherbe. Et qu'ainsi puissent se réjouir, sans nul serrement de cœur, ceux qui révèrent en Maurras un des plus grands écrivains de France.

PAMPILLE

Certains êtres, puissants et dominateurs, ont autour d'eux un tel rayonnement d'intelligence, un tel fluide de volonté, qu'ils se transforment sous nos yeux en forces de la nature, et semblent devenir la représentation même des éléments :

Charles Maurras est parmi ceux-là.

Le feu et l'eau sont, à mon avis, les deux signes de son destin.

Par le feu, il a la générosité, la loyauté, l'amour des lettres et des arts, le mépris riant des richesses, des honneurs, de tous les hochets de la vanité ; par le feu, il a la promptitude incroyable de l'esprit, qui saisit tout dans une ellipse ; il s'impatiente si les autres ne vont pas aussi vite que lui ; par le feu, il a la passion de son pays et celle des idées qui doivent le sauver ; sa forme de dialectique est une flamme, son travail dévorant est une flamme. Comme la flamme, il vit la nuit, et ne se préoccupe jamais de la faim, de la soif, de la fatigue ou du sommeil ; sa personne physique elle-même, rapide, agile, immatérielle, semble échappée de quelque volcan.

Par l'eau, au contraire, Charles Maurras a reçu le don d'organiser et d'utiliser les volontés éparses et de réaliser de grands desseins.

Il y a en lui l'inébranlable fermeté du marin qui voit tous les dangers et les écueils d'un voyage, mais qui connaît en même temps le moyen de les éviter, car il a la sagesse et la prévoyance du pilote en même temps que sa calme audace.

Ses manières charmantes, son extrême courtoisie, son exquise politesse, ressemblent tout à fait à celles d'un officier de marine, comme aussi son rire jeune et fusant et son goût pour les beaux vers bien cadencés.

Mais c'est encore dans le style de Maurras que je reconnais le mieux le bruit de la mer. En fermant les yeux, écoutez sa phrase : elle fait le bruit du flot qui frappe le rocher; elle vient de loin, elle est innombrable, elle contient tous les murmures, répond à toutes les pensées, et ne se lasse jamais de répéter les thèmes éternels de la vérité. Ceux qui le lisent distraitement peuvent trouver cela monotone, mais ceux qui le suivent attentivement en restent éblouis et remplis d'admiration, car il n'oublie rien, ne néglige rien et puise chaque jour, dans la réalité des faits, les arguments de sa démonstration.

Parce qu'il appartient à l'eau, seul il a pu, depuis vingt ans — rameur sublime — remonter le courant de toutes les idées fausses qui obscurcissaient notre Histoire et notre siècle, et remettre en honneur, dans l'élite de la jeunesse française, les principes fondamentaux — presque oubliés — de la raison, de l'ordre et de la sagesse.

Parce qu'il appartient au feu, il a été écouté, il a trouvé la force de convaincre et celle de passionner.

Par l'eau, il s'expose au danger.

Par le feu, il le brave.

Par l'eau, ses rêves sont immenses et son œil étonnant, qui voit loin, découvre à l'horizon la terre promise.

Par le feu, il franchit les étapes, et réalise ce qu'on croyait être impossible.

Par l'eau, il sera un grand homme d'Etat, et l'organisateur de toutes les énergies françaises.

Par le feu, il est déjà un grand homme de

lettres et une sorte de conquérant de l'intelligence française.

Par ces deux signes il vaincra. Mais il faut qu'il laisse mener sa barque par la mystérieuse salamandre ; elle le conduira, j'en suis sûre, à bon port.

ADOLPHE RETTÉ

J'ESTIME que tout lettré, digne de ce nom, ne peut considérer Maurras que comme un des plus hauts esprits de ce temps.

En ce qui me concerne, voici la dédicace mise à l'exemplaire de *Ceux qui saignent* que je lui envoyai en août dernier :

A mon vieux camarade Charles Maurras qui m'apprit la vérité politique, son ami reconnaissant.

Enfin je pense que le jour où la grâce de Dieu fera de Maurras un catholique pratiquant, on pourra le considérer comme le Français — intégral.

LES " EPREUVES " DE MAURRAS

Puisque la politique est écartée de cet ouvrage, je ne dirai rien de la grande œuvre sociale de Charles Maurras, par laquelle il est devenu notre guide et notre évergète, et a groupé les meilleures forces jeunes de la France avec les meilleures forces anciennes pour les actions nécessaires au bien de la partie.

Je ne parlerai pas davantage du critique littéraire et de l'écrivain dont les ouvrages, pleins de hautes pensées et d'ingénieux aperçus, contiennent quelques-unes des pages les plus parfaitement belles de ce temps.

Je n'irai même pas chercher le jeune poète, d'une originalité délicieuse, qu'il a renvoyé sous les tonnelles provençales ; les amis de Maurras se rappellent cette pièce charmante :

> La Colombine embrasse le Pitre ;
> Elle l'embrasse de tout son cœur...

Je me contenterai d'un à côté où il est peu vraisemblable que personne me dispute le terrain.

Cette pièce de la Colombine et du Pitre, « Révélation », est datée de 1895. A ce moment, Charles Maurras était déjà l'un des collaborateurs les plus brillants de la *Gazette de France*, où il donnait surtout des articles de critique littéraire. Ce fut en 1897, par ses « Notes autour de l'affaire Dreyfus », qu'il se consacra principalement à la politique. On se rappelle le bruit que fit cette campagne.

Le directeur de la *Gazette de France*, M. Janicot, aimait ce jeune Provençal, dont il avait, des premiers, deviné la magnifique intelligence. Ce fut lui qui l'envoya plus tard en Grèce, d'où Maurras rapporta un chef-d'œuvre : *Anthinea*. La dédicace du livre rappelle ce fait.

M. Janicot était un journaliste de grande race, ayant non seulement du talent mais le respect du talent et des supériorités de l'esprit. Dans nul journal les rédacteurs ne furent plus libres d'exprimer leur pensée qu'à la *Gazette de France*.

Sachant qu'il n'avait à se défier d'aucun d'entre eux, car les idées de chacun étaient sincèrement celles du journal, — il faut connaître un peu la presse contemporaine pour savoir combien cela est rare — M. Janicot aimait à laisser la bride sur le cou à ses collaborateurs, quitte à pincer l'oreille du délinquant, comme Bonaparte, si quelque fausse note échappait à l'un d'eux.

Cette généreuse conception du rôle directorial n'était plus justifiée, ni plus nécessaire vis-à-vis de personne que vis-à-vis de Charles Maurras, qui, dans ses « Notes de Critique », commençait d'exposer ses directives. Il avait entrepris, comme on sait, de confirmer par des raisons nouvelles les vieux royalistes dans leur foi, et d'attirer la jeunesse à la doctrine qui se résume en cet axiome : « La Patrie avant tout », et donc de résoudre toutes les questions politiques dans leur rapport avec l'intérêt national.

La plupart des vieux lecteurs étaient charmés, quelques-uns seulement un peu déconcertés d'entendre des paroles inaccoutumées. Ce fut là que Maurras recruta les cadres solides de l'*Action Française*.

Mais cette brillante collaboration, si elle était pleine d'agrément pour les lecteurs, n'allait pas sans déboires pour les typographes, pour le metteur en pages et pour le secrétaire de la rédaction, infortuné !

Les épreuves de Charles Maurras étaient aussi curieuses à voir, pour le moins, que celles de

Balzac. On sait que l'auteur de la *Comédie Humaine* avait dû prendre le parti de payer ses corrections, et qu'ainsi une œuvre littéraire lui coûta souvent plus qu'elle ne lui rapportait.

Dans chaque marge, Maurras faisait, avec la rapidité de l'éclair, une multitude de rectifications, de modifications, d'additions, chacune reliée au texte par un beau trait régulier, en sorte qu'on eût dit les branchages d'un arbre généalogique. Quand il rendait ainsi ses épreuves, au dernier moment, le metteur en pages levait les bras au ciel et se précipitait dans le cabinet du secrétaire de la rédaction :

— Monsieur, si nous faisons les corrections de M. Maurras nous manquerons tous les courriers !... C'est un article à recomposer (chose d'autant plus grave que l'article était toujours de plusieurs colonnes).

Le secrétaire de rédaction, l'âme émue, se dirigeait vers l'éminent collaborateur, qui accommodait au même régime sa dernière épreuve. Il lui criait :

— Mais c'est impossible !... Jamais on ne pourra faire toutes ces corrections !

— Comment ! Ne pas faire mes corrections ! répliquait Maurras, avec ce haut-le-corps que connaissent bien ses familiers.

— On les fera pour la prochaine édition (la *Gazette de France* en avait trois)... Pour celle-ci, entourez au crayon bleu les plus importantes... Les plus importantes seulement !

Maurras, le sourcil froncé, commençait de marquer au crayon bleu quelques-unes des corrections, puis quelques autres, puis toutes... Et il en ajoutait.

Enfin, levant la tête et voyant la figure exaspérée du secrétaire de rédaction, il lui venait ce sourire qui révèle sa bonté charmante, et il cédait :

— C'est abominable !... Mais enfin, pour la prochaine édition on les fera bien toutes, n'est-ce pas ?

— Toutes !... Davantage encore, répondait le secrétaire, qui criait au metteur en pages :

— Serrez !

Après des années d'assauts semblables, quotidiens — ou, plus exactement, tri-hebdomadaires, — le journaliste en question n'en est pas moins resté l'un des amis les plus dévoués de Maurras, ce qui montre leur bon caractère à tous les deux, et l'excellence des rédacteurs de la *Gazette de France*, qu'on ne saurait assez louer, — surtout en ce moment où l'illustre vieux journal, ancêtre de toute la presse d'Europe, voit interrompue, depuis la fin de la seconde année de la guerre, sa publication, si mêlée à notre histoire et trois fois centenaire, moins treize ans.

Il faut noter pour les biographes futurs, en vue desquels j'ai rédigé cette note, que ces corrections d'auteur de Charles Maurras n'étaient pas des corrections littéraires, et n'avaient pas pour but de rendre le texte plus orné ; au contraire, on pouvait remarquer le plus souvent l'intention de remplacer une phrase plus sonore ou plus élégante par une autre plus simple et plus claire, un mot plus brillant par un mot plus net ; la même remarque a été faite sur les manuscrits de Bossuet.

Si Maurras ajoutait, complétait, retranchait, c'était pour rendre sa pensée plus distincte et plus accessible, dans le besoin de précision, d'évidence, de persuasion, qui a toujours caractérisé ce conquérant des intelligences, et qui a porté de si beaux fruits.

GEORGE MALET.

BIBLIOGRAPHIE DES OUVRAGES

DE

CHARLES MAURRAS

———

JEAN MORÉAS. — Paris, Plon, 1891. In-12, 51 p.

LE CHEMIN DE PARADIS. MYTHES ET FABLIAUX. —
Paris, Calmann-Lévy, 1895. In-12, XXXII-
328 p.

L'IDÉE DE LA DÉCENTRALISATION. — Paris, Revue
encyclopédique, 1898. In-16, 47 p.
(Nouvelle édition : Paris, Bureaux de l' « Action
française », 1917. In-8⁰, 50 p.)

TROIS IDÉES POLITIQUES. CHATEAUBRIAND, MI-
CHELET, SAINTE-BEUVE. — Paris, H. Champion, 1898. In-16, 83 p.
(Nouvelle édition avec une « Note à l'édition de
1912 » : Paris, H. Champion, 1912. In-16, 83 p.)

ANTHINEA. D'ATHÈNES A FLORENCE. — Paris,
F. Juven, s. d. (1901). In-18, XII-338 p.
(Nouvelle édition : Paris, H. Champion, 1912.
In-8•, XII-304 p.)

LES AMANTS DE VENISE. GEORGE SAND ET MUSSET. — Paris, A. Fontemoing, s. d. (1902). In-16, 275 p.

(Nouvelle édition augmentée d'une préface : Paris, E. de Boccard, s. d. (1917). In-16, LVI-316 p.)

PRÉFACE. — Pages I à XII de : *Manuel du Royaliste*, par Firmin Bacconnier. — Paris, Bureaux de la « Gazette de France », 1903. In-18.

L'AVENIR DE L'INTELLIGENCE. SUIVI DE : AUGUSTE COMTE, LE ROMANTISME FÉMININ, MADEMOISELLE MONK. — Paris, A. Fontemoing, 1905. In-16, 303 p.

(Nouvelle édition revue et corrigée : Paris, Nouvelle Librairie nationale, 1917. In-16, 320 p.)

PRÉFACE. — Pages VII à XLIV de *Joseph Reinach historien*, par H. Dutrait-Crozon. — Paris, A. Savaète, 1905. In-8°.

UN DÉBAT NOUVEAU SUR LA RÉPUBLIQUE ET LA DÉCENTRALISATION [en collaboration avec J. Paul-Boncour] ; OPINIONS DE E. BURÉ, G. CLEMENCEAU, E. CLÉMENTEL, J. DESSAINT, EUGÈNE FOURNIÈRE, JOSEPH REINACH, L.-XAVIER DE RICARD, PAUL STRAUSS, LE « TEMPS », A. VARENNE, etc. — Toulouse, Société provinciale d'édition, 1905. In-18, 161 p.

LE DILEMME DE MARC SANGNIER. ESSAI SUR LA DÉMOCRATIE RELIGIEUSE. — Paris, Nouvelle

Librairie nationale, s. d. (1907). In-12, xxx-286 p.

ENQUÊTE SUR LA MONARCHIE. 1900-1909. — Paris, Nouvelle Librairie nationale, 1909. In-8°, LVI-565 p.

LIBÉRALISME ET LIBERTÉS, DÉMOCRATIE ET PEUPLE. — Paris, Bureaux de l' « Action française », 1909. In-8°, 15 p.

PRÉFACE. — Pages V à VIII de : *Enquête périgourdine sur la monarchie*, par Henry Cellerier. — Paris, Nouvelle Librairie nationale, 1909. In-4°.

PRÉFACE. — Pages VII à XVI de : *La Science officielle. M. Alfred Croiset historien de la démocratie athénienne*, par Pierre Lasserre. — Paris, Nouvelle Librairie nationale, s. d. (1909). In-16.

IDÉES ROYALISTES [réponse à l'enquête de la « Revue hebdomadaire »]. — Paris, Bureaux de l' « Action française », 1910. In-8°, 32 p.

KIEL ET TANGER. 1895-1905. LA RÉPUBLIQUE FRANÇAISE DEVANT L'EUROPE. — Paris, Nouvelle Librairie nationale, 1910. In-16, XVI-349 p.

(Nouvelle édition, revue, augmentée d'une préface : « De 1905 à 1913 » et de nombreux appendices : Paris, Nouvelle Librairie nationale, 1913. In-12, CXVIII-433 p.)

Si le coup de force est possible [en collaboration avec H. Dutrait-Crozon]. — Paris, Nouvelle Librairie nationale, 1910. In-16, 99 p.

La Barque et le drapeau. A propos du livre de Monseigneur le duc d'Orléans : « Chasses et chasseurs arctiques ». [Avec deux portraits de Monseigneur le duc d'Orléans.] — Paris, Nouvelle Librairie nationale, 1911. In-8°, 15 p.

Discours prononcé a Lyon pour la Saint-Philippe (7 mai 1911). — Paris, à l' « Action française », s. d. (1911). In-16, 20 p.

Pour Psyché. — Abbeville, impr. de F. Paillart, 1911. In-16, 11 p.

Une campagne royaliste au « Figaro » [août 1901-janvier 1902]. — Paris, Nouvelle Librairie nationale, s. d. (1911). In-16, 73 p.

La Politique religieuse. — Paris, Nouvelle Librairie nationale, 1912. In-16, LXII-428 p.

L'Action Française et la religion catholique. — Paris, Nouvelle Librairie nationale, 1913. In-16, 354 p.

Préface. — Pages v à xlv de : *La divine comédie. L'Enfer*, par Dante Alighieri. Traduction nouvelle et notes de L. Espinasse-Mongenet. — Paris, Nouvelle Librairie nationale, 1913. In-8°.

L'Etang de Berre. — Paris, E. Champion, 1915. In-8⁰, xii-371 p.

Les Conditions de la victoire. — Paris, Nouvelle Librairie nationale, 1916-1918. 4 vol. in-16.

> I. — La France se sauve elle-même. De juillet à mi-novembre 1914.
> II. — Le Parlement se réunit. De mi-novembre 1914 à fin août 1915.
> III. — Ministère et Parlement. De septembre à fin décembre 1915.
> IV. — La Blessure intérieure. De janvier à fin mai 1916.

Henri Vaugeois. — Pages vii à xvii de : *Notre Pays*, par Henri Vaugeois. — Paris, Nouvelle Librairie nationale, 1916. In-16.

Quand les Français ne s'aimaient pas. Chronique d'une renaissance. 1895-1905. — Paris, Nouvelle Librairie nationale, 1916. In-16, xxii-399 p.

Aux républicains de Russie. Réponse a l'enquête du journal « Rousskoié Slovo », de Moscou. — Paris, Bureaux de l' « Action française », s. d. (1917). In-8⁰, 15 p.

Le Pape, la guerre et la paix. — Paris, Nouvelle Librairie nationale, 1917. In-16, xvi-272 p.

La Part du combattant. — Paris, Nouvelle Librairie nationale, 1917. In-16, 128 p.

PRÉFACE. — Pages v à xii de : *Les Idées de Berryer*, par Louis Marchand. — Paris, Nouvelle Librairie nationale, 1917. In-8º.

ATHÈNES ANTIQUE. — Paris, E. de Boccard, s. d. (1918). In-4º, 155 p., pl.

LES CHEFS SOCIALISTES PENDANT LA GUERRE. — Paris, Nouvelle Librairie nationale, 1918. In-16, xvi-320 p.

LA PAIX DE SANG. L'ESPÉRANCE EST MILITAIRE. — Paris, impr. de Levé, s. d. (1918). In-4°, 2 p. (tract). (Extrait de l'*Action française* du 4 mars 1918.)

EN PRÉPARATION :

L'ALLÉE DES PHILOSOPHES.

L'HOMME ET LA GUERRE.

NOTE BIOGRAPHIQUE

Selon une obscure tradition de famille, les Maurras viennent du lieu-dit Les Maurras près de Gréoulx, au baillage de Moustiers, dans l'ancien diocèse de Riez, au pied des Alpes de Provence. Mais, au xvii⁰ siècle, on les trouve déjà dans la vallée de l'Huveaune, à Roquevaire, gros bourg de l'arrondissement de Marseille. Un Honoré Maurras en est consul en 1677. Collecteurs des taxes à la fin de l'ancien régime, ils sont percepteurs au début du nouveau. Sous la Restauration, la mort subite du père de famille ne laisse que des enfants mineurs : le grand-père est autorisé à prendre l'intérim jusqu'à ce que l'aîné de ses petits-fils puisse succéder. Celui-ci a gardé la perception de Roquevaire jusqu'en 1870.

Charles Maurras est né le 20 avril 1868 à Martigues (arrondissement d'Aix), où son père était percepteur. C'est le pays de sa famille maternelle, qui est aussi originaire de La Ciotat et d'Avignon. Elle comportait surtout des marins, et quelques avocats ou juges.

Il a fait ses études au collège catholique d'Aix. Il y eut pour maître l'évêque de Moulins.

Venu à Paris à peine bachelier, il commença par collaborer à des publications très diverses. Mais à vingt-trois ans, son activité commençait à se fixer : politique à la *Gazette de France*, littéraire à la *Revue encyclopédique Larousse*. Ce fut l'époque où il prit part à la fondation de l'ÉCOLE ROMANE FRANÇAISE, par Jean Moréas, s'occupa d'études fédéralistes et de renaissance provençale et obtint l'attention très bienveillante de Mistral. Les conseils et les directions que lui donna M. Anatole France datent du même temps.

De 1894 à 1897, il fondait avec Frédéric Amouretti, René de Saint-Pons, Lionel des Rieux et d'autres Méridionaux l'école parisienne du félibrige, collaborait à la *Coçarde* de Barrès, au *Soleil* d'Édouard Hervé, publiait son premier livre, recueil de contes philosophiques, *Le Chemin de Paradis*, et faisait les deux ou trois courses en Grèce, en Italie, en Corse, qui ont fourni la substance du volume de notes et d'impressions qui devait s'appeler *Promenades païennes*, la future *Anthinea*.

L'agitation soulevée autour de l'affaire Dreyfus devait absorber dans la politique l'essayiste et le critique. Sa défense de la cause désespérée du colonel Henry lui valut autant de fidèles amitiés que d'hostilités violentes. Avec Barrès, Syveton, Dausset, Amouretti, il travaille à fonder la Ligue de la Patrie française, puis, avec Vaugeois, Pujo et Montesquiou, cette *Action française* dont le vingtième anniversaire tombe au 20 juin 1919.

D'abord groupe d'études, puis revue bi-mensuelle, l'*Action française* était républicaine.

Seul royaliste, avec Jacques Bainville, Maurras entreprit auprès de ses collaborateurs et de quelques hautes personnalités françaises, André Buffet, Lur-Saluces, Paul Bourget, etc., l'*Enquête sur la Monarchie*, recueil des discussions qui rallièrent d'abord Vaugeois, puis le groupe tout entier au principe et à la personne de Monseigneur le duc d'Orléans. Ce travail théorique et doctrinal dura une dizaine d'années au cours desquelles, indépendamment de nombreux articles politiques, Maurras acheva et publia les *Amants de Venise*, l'*Avenir de l'Intelligence, Kiel et Tanger*. En outre il signa avec M. Paul Boncour le curieux petit livre : *La République et la décentralisation*, où vingt hommes politiques républicains soutinrent contre lui cette possibilité de la décentralisation en république qu'il n'a cessé de contester à ses contradicteurs qui, depuis, se sont succédés au pouvoir.

Le 21 mars 1908, avec l'incomparable et magnifique renfort de Léon Daudet, paraissait le premier numéro de l'*Action française* quotidienne dans laquelle Maurras signe au moins un article par jour depuis plus de dix ans; il y a rédigé le bulletin de la Ligue et (sous la signature de Criton) la revue de la presse. Dès lors son activité est confondue avec celle du journal.

Comme tous ses collaborateurs, quand il a eu le temps, il a fait des livres, pris part à des réunions et manifesté dans la rue avec arrêts forcés au poste de police. Il a fait aussi quelques promenades sur le pré (où il a été piqué quatre fois et n'a piqué que trois). En justice, où il a été traduit comme tout le monde, il a refusé de répondre au président Worms, juif luxembourgeois, estimant ne devoir de compte qu'à un juge français, ce qui lui valut huit mois de prison dont il appela; une amnistie sommaire régla l'affaire, qui gênait.

A la déclaration de guerre, Maurras fit ce qu'il put pour rallier toutes les forces nationales autour de ceux qui tenaient le drapeau et l'épée de la France.

Il est devenu co-directeur de l'*Action française* à la mort d'Henri Vaugeois survenue en avril 1917.

...resse risque de causer une multitude de
...mars suivant que nous adjurions Cle-
...d de dépenser leur activité patriote, leur
... « contre les espions qui nous font tuer .
...umie onde, génent nos opérations et causent de
...re ap la victoire ».
...vue nous disions alors, Voyez ce qu'on fait
...ous le disions d'un grand espoir. Mais,
...audel, cette blessure intérieure que nous
...erni de Guillaume II — La bles-
...de la patrie a fini par être aperçue. Elle
...s. Mais est-elle vue tout entière ? Oui, il y
...inde à Paris, il y a ses connivences publi-
...vec la Révolution ; il y a le fonctionnaire
...istrat qui prévarique et le ministre qui
...a aussi la cause générale

Le texte ci-contre est le début de l'article de Maurras publié dans l'Action française du 20 février 1919, au lendemain de la tentative d'assassinat dirigée contre M. Clemenceau.

Nous reproduisons ci-dessous le texte correspondant tel qu'il a paru dans l'Action française.

LA POLITIQUE

« UN BON FRANÇAIS CONTRE LA PATRIE »

Après l'admiration profonde et pleine d'envie que doit susciter le glorieux patriote criblé hier matin des balles de l'Allemagne et de la Révolution, il est à peine besoin de dire que notre sentiment le plus fort est la pitié que nous inspire le jeune Cottin. Cet anarchiste scientifique porte un nom français. Il est né d'un bon père, dans les paradis de tolérance et de

TABLE

OPINIONS

HORS TEXTE

ACHEVÉ D'IMPRIMER
LE VINGT FÉVRIER MIL NEUF CENT DIX-NEUF
PAR
L'IMPRIMERIE ARTISTIQUE LUX
A PARIS
POUR
LA NOUVELLE LIBRAIRIE NATIONALE
3, PLACE DU PANTHÉON, 3
PARIS